KB265755

Departure

5

C.I.Q!
출국장으로 들어가면 ❶ 세
관검사, ❷ 보안검색, ❸ 출
국심사가 차례로 이어집니
다! 계속 앞으로 앞으로!

6

탑승게이트로 이동!

탑승권에 표시된 탑승구로
이동합니다. '탑승시간'을 반
드시 엄수하여야 합니다!!!

출국수속 따라잡기!

공항에서의 출국수속은
다음과 같이 진행됩니다.

❶ 공항도착!

❷ 항공사데스크 체크인!

❸ 공항이용권 구입!

❹ 환전!

❺ 비행기 탑승수속!
|세관신고|, |보안검색|,
|출국심사|

❻ 탑승 게이트로 이동!

❼ 탑승!

✚ 잠깐만요!
시간적 여유가 있다면 면세점에서
쇼핑을 하셔도 좋겠습니다.

✚ 비행기 출발 30분 전에는 탑승게이트 대기실에 도착해 있어야 합니다!

© Copyright 2002 by Shin Na Ra.

All rights reserved.
No part of this book may be reproduce
without the written permission of
the copyright owner.

서명 : 주머니속의 여행 중국어
펴낸곳 : 도서출판 신나라
펴낸이 : 임종천
지은이 : 문승용
연구편집 : 정혜영, 김규순
　　　　　 윤혜미, 정주헌

개정 3쇄 : 2015. 07. 10

등록일 : 1991. 10. 14
등록번호 : 제 6-136호
주소 : 경기도 양평군 양동면 매월리 643-1
전화 : 031-775-2678
팩스 : 031-775-2679
ISBN : 978-89-7593-076-8

* 정가는 표지에 표시!

초간편 기본회화!
Best Basic Conversation!

잠깐 여행정보!

1. 출발전 준비!　31

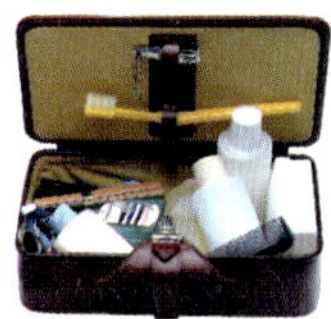

2. 출국수속! 39

3. 출발! 기내에서 47

4. 목적지 도착! 67

5. 호텔의 이용! 81

6. 식당과 요리! 109

7. 쇼핑용 회화! 137

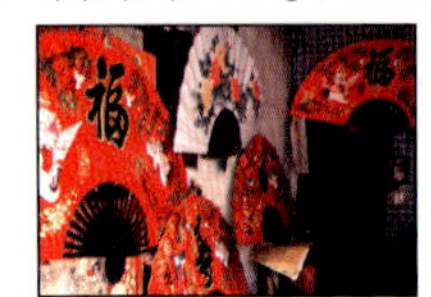

8. 우편, 전화, 은행! 155

11. 사고상황의 대처! 237

12. 귀국 준비! 257

[특별 부록]
비지니스 중국어회화! 264

부록: 필수 단어 사전! 278

초간편 기본회화!
Best Basic Conversation!

여행 영어 회화!
기본의 기본을 소개합니다.
10가지 기본 상황별로 정리했습니다!

❶ 대답하는 법!　　❷ 인사할 때!
❸ 자기소개 할 때!　❹ 부탁할 때!
❺ 감사의 인사!　　❻ 전화, 약속!
❼ 사과를 할 때!　　❽ 물어 볼 때!
❾ 날씨와 시간!　　❿ 긴급할 때!

여행 중국어 회화!
기본의 기본을 소개합니다.
10가지 기본 상황별로 정리했습니다!

대답할 때 자주
쓰는 표현들을
공부합니다!

예. (네.)

是。
쓰

아니오.

不是。
부 쓰

알겠습니다. / 그래요.

明白了。 / 是的。
밍 바이 러 　　　　쓰 더

알겠습니다. (알았습니다)

知道了。
쯔 다오 러

① 대답하는 법!

맞습니까?
对吗?
뚜이 마

맞아요. / 그렇습니다.
对。 / 就是。
뚜이　　　찌우 쓰

저도 그렇게 생각합니다.
意见一致。
이 찌앤 이 쯔

당신 마음대로 하세요.
随便。
수이 삐앤

가장 많이 쓰는 표현들입니다. 자신있게 "쓰(是)!"

초간편 기본회화!
Best Basic Conversation!

여행 중국어 회화!
기본의 기본을 소개합니다.
10가지 기본 상황별로 정리했습니다!

다양한 인사법들을 연습해 보겠습니다!

안녕하십니까?
你好吗?
니 하오 마

안녕히 주무세요.
晚安。
완 안

오랜만입니다.
好久不见。
하오 지우 부 찌앤

잘 다녀오세요.
一路顺风。
이 루 쑨 펑

❷ 인사할 때!

안녕히 계세요. (가세요)
再见。（慢走。）
짜이 찌앤 (만 조우)

그럼 내일 만나요.
那，明天见。
나 밍 티앤 찌앤

즐거운 주말되세요!
周末快乐!
쪼우 모 콰이 러

즐거운 하루 되세요!
祝你愉快!
쭈 니 위 콰이

인사할 때는 언제나 웃는 얼굴로 하셔야죠~!

"여행회화, 기본의 기본입니다! 미리 준비해 두시면 유용하게 자주 쓸 수 있는 표현들입니다!!!"

초간편 기본회화!
Best Basic Conversation!

여행 중국어 회화!
기본의 기본을 소개합니다.
10가지 기본 상황별로 정리했습니다!

자기를 소개할 때 쓸 수 있는 기본 표현들입니다!!

안녕하세요.
你好。
니 하오

처음 뵙겠습니다.
初次见面。
추 츠 찌앤 미앤

어떻게 지내십니까?
过得怎么样?
꾸오 더 전 머 양

저도 잘 지내고 있어요.
我也很好。
워 이에 헌 하오

❸ 자기소개 할 때

만나서 반갑습니다.
见到你, 很高兴。
찌앤 따오 니 헌 까오 씽

저를 소개해도 될까요?
我来介绍一下, 好吗?
워 라이 찌에 사오 이 씨아 하오 마

내 이름은 김동길이고, 학생입니다.
我叫金东吉, 是学生。
워 찌아오 찐 똥 지 쓰 쉬에 성

나는 한국에서 왔습니다.
我是从韩国来的。
워 쓰 총 한 구오 라이 더

이 정도로만 설명해도 자기 소개, 성공입니다!

"여행회화, 기본의 기본입니다! 미리 준비해 두시면 유용하게 자주 쓸 수 있는 표현들입니다!!!"

여행 중국어 회화!
기본의 기본을 소개합니다.
10가지 기본 상황별로 정리했습니다!

부탁하실 일이 있으면 주저하지 말고 말씀하세요!

무얼 도와드릴까요?
要什么？
야오 선 머

좀 도와주세요.
帮一下。
빵 이 씨아

실례합니다만,
말씀 좀 여쭙겠습니다.
麻烦您，
请问一下。
마 판 닌 칭 원 이 씨아

④ 부탁할 때!

저를 좀 도와 주십시오.
请帮我吧。
칭 빵 워 바

이 일을 처리해 주십시오.
拜托您办这件事。
빠이 투오 닌 빤 쩌 찌앤 쓰

물론이지요.
当然。
땅 란

좀더 천천히 말씀해 주십시오.
请说慢一点儿。
칭 쑤어 만 이 띠알

도움이 필요하십니까? 이렇게 말씀하십시오~!

여행 중국어 회화!
기본의 기본을 소개합니다.
10가지 기본 상황별로 정리했습니다!

도움을 받았다면
반드시 감사의
인사를 전합니다.

감사합니다.
谢谢。
씨에 시에

천만에요.
不客气。
부 커 치

정말 고맙습니다.
非常感谢。
페이 창 간 씨에

보살펴주셔서 감사합니다.
谢谢您的照顾。
씨에 시에 닌 더 짜오 꾸

❺ 감사의 인사!

아주 많은 도움 감사합니다.

谢谢你的关照。

씨에 시에 니 더 꾸안 짜오

별 말씀을요.

哪里, 哪里

나리 나리

천만에요.

哪儿的话。

나알 더 후아

전화해 주셔서 감사합니다.

给我打电话, 谢谢。

게이 워 다 띠앤 후아 씨에 시에

감사의 인사, 정중할수록 더욱 좋습니다~!

"여행회화, 기본의 기본입니다! 미리 준비해 두시면 유용하게 자주 쓸 수 있는 표현들입니다!!!"

초간편 기본회화!
Best Basic Conversation!

여행 중국어 회화!
기본의 기본을 소개합니다.
10가지 기본 상황별로 정리했습니다!

전화를 할 때, 약속을 할 때 쓰는 표현들입니다.

김민주 씨 좀 바꿔 주십시오.
请转金民珠。
칭 주안 찐 민 쭈

제가 김민주입니다.
我就是金民珠。
워 찌우 쓰 찐 민 쭈

누구신가요?
您是哪位?
닌 쓰 나 웨이

전할 말씀 있으세요?
有留言吗?
요우 리우 이앤 마

❻ 전화, 약속!

지금 시간이 좀 있으세요?
现在有空吗?
씨앤 짜이 요우 콩 마

편한 시간은 언제입니까?
什么时候有空?
선 머 쓰 호우 요우 콩

당신이 정하세요.
你自己决定吧。
니 쯔 지 쥐에 띵 바

이번 주말 시간 있으세요?
这个周末有空吗?
쩌 거 쪼우 모 요우 콩 마

특별한 건 없는데요.
没有什么特别的事情。
메이 요우 선 머 터 비에 더 쓰 칭

전화로 약속을 정할 때는 메모를 준비하세요~!

"여행회화, 기본의 기본입니다! 미리 준비해 두시면 유용하게 자주 쓸 수 있는 표현들입니다!!!"

초간편 기본회화!
Best Basic Conversation!

여행 중국어 회화!
기본의 기본을 소개합니다.
10가지 기본 상황별로 정리했습니다!

실례, 결례가 되었다면 말씀해 주세요~!

실례합니다.
请问。
칭 원

죄송합니다.
对不起。
뚜이 부 치

한번 봐주세요.
请看一下。
칭 칸 이 씨 아

늦어서 죄송합니다.
迟到了，对不起。
츠 다오 러 뚜이 부 치

7 사과를 할 때!

기다리게 해서 죄송합니다.
让你久等了，对不起。
랑 니 지우 덩 러 뚜이 부 치

방해해서 죄송합니다.
麻烦您，对不起。
마 판 닌 뚜이 부 치

모두 제 탓입니다.
都是我的不好。
또우 쓰 워 더 뿌 하오

좋습니다. / 괜찮아요.
可以。 / 没关系。
커 이   메이 꾸안시

사양하실 것 없습니다.
不客气。
부 커 치

실례가 되었다면 표정도 미안스러워야 하겠죠~!

"여행회화, 기본의 기본입니다! 미리 준비해 두시면 유용하게 자주 쓸 수 있는 표현들입니다!!!"

초간편 기본회화!
Best Basic Conversation!

여행 중국어 회화!
기본의 기본을 소개합니다.
10가지 기본 상황별로 정리했습니다!

궁금한 모든 것을 물어 볼 수 있습니다!

뭐라고 그러셨지요?

说什么? / 什么?

쑤오 선 머　　　선 머

그게 무슨 뜻이죠?

那是什么意思?

나 쓰 선 머 이 쓰

다시 한번 말씀해 주세요.

请再说一下。

칭 짜이 쑤오 이 씨아

좀 크게 말씀해 주시겠어요?

请大声说。

칭 따 성 쑤오

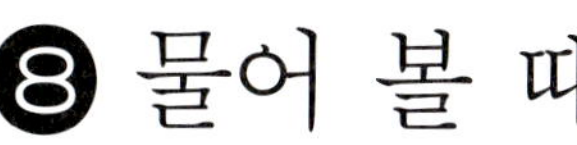

❽ 물어 볼 때!

여기에 좀 써주십시오.
请在这儿写一写。
칭 짜이 쩔 시에 이 시에

실례합니다, 은행은 어디에 있나요?
请问, 银行在哪儿?
칭 원 인 항 짜이 나알

보세요, 오른쪽(왼쪽)에 있습니다.
看, 在右(左)边。
칸 짜이 요우(주오) 삐앤

길을 잃었어요.
迷路了。
미 루 러

지도상으로 제가 어디에 있나요?
我地图上在哪儿?
워 띠 투 상 짜이 나알

잘 모르시겠다구요? 다시 한번 더 물어 보셔요~!

"여행회화, 기본의 기본입니다! 미리 준비해 두시면 유용하게 자주 쓸 수 있는 표현들입니다!!!"

초간편 기본회화!
Best Basic Conversation!

여행 중국어 회화!
기본의 기본을 소개합니다.
10가지 기본 상황별로 정리했습니다!

날씨와 시간에 대해 이야기 하는 방법들입니다!

오늘 날씨가 어떻습니까?
今天天气怎么样?
찐 티앤 티앤 치 전 머 양

비가 올 것 같습니다.
好象下雨。
하오 씨앙 씨아 위

바람이 붑니다.
刮风。
꾸아 펑

날씨가 따뜻합니다.
天气暖和。
티앤 치 누안 후오

❾ 날씨와 시간!

날씨가 춥군요. (덥군요)
天气很冷。(热)
티앤 치 헌 렁(러)

지금 몇 시입니까?
现在几点?
씨앤 짜이 지 디앤

11시 30분이에요.
十一点半。
스 이 디앤 빤

오늘은 무슨 요일입니까?
今天星期几?
찐 티앤 씽 치 지

오늘 며칠입니까?
今天几号?
찐 티앤 지 하오

요일과 날짜를 물을 때 쓰는 방법도 기억해 둡니다.

여행 중국어 회화!
기본의 기본을 소개합니다.
10가지 기본 상황별로 정리했습니다!

위급한 경우에 쓸 수 있는 표현들입니다!

앰뷸런스를 좀 불러주세요.
请叫救护车。
칭 찌아오 찌우 후 처

응급을 요합니다.
需要急救。
쉬 야오 지 찌우

경찰서 좀 대 주세요.
请转警察署。
칭 주안 징 차 수

머리가 아픕니다.
头疼。
토우 텅

⑩ 긴급할 때!

발을 다쳤어요.

脚受伤了。

지아오 쏘우 쌍 러

설사를 합니다.

腹泻了。

푸 씨에 러

현기증이 납니다.

眩晕。

쉬앤 윈

팩스가 작동되지 않습니다.

传真不启动。

추안 쩐 뿌 치 똥

차가 고장났습니다.

车出了故障。

처 추 러 꾸 짱

긴급구조 요청을 할 때는 말을 보다 또박또박!!

"여행회화, 기본의 기본입니다! 미리 준비해 두시면 유용하게 자주 쓸 수 있는 표현들입니다!!!"

잠깐 여행정보!

✚ 중국에 대한 일반적인 상식!

ⓐ **중국의 정식 명칭** : 중화인민공화국
(中华人民共和国)

ⓑ **중국의 인구** : 약 13억 인구. 그중 94% 한족(汉族)이며, 나머지 55개의 소수민족으로 이루어진 다민족 국가.

ⓑ **중국의 행정단위** : 중국의 행정 단위는 성(省), 현(县), 향(乡镇)으로 이루어져 있으며, 성은 다시 4개의 직할시와 5개의 자치구, 22개의 성, 2개의 특별 행정구로 구성되어 있음.

ⓑ **기타 중국 정보:**
시차 : 1시간 (한국보다 1시간 늦음)

행정기관 근무시간 : 08:00~17:00

전압 : 220V (110V 사용불가)

화폐 : 元(위앤화)

1. 출발전 준비!

해외여행에 앞서 반드시 준비되어야 할 것들이 있습니다. 우선 기본적으로 갖추어야 할 것으로 ❶ 여권, ❷ 비자, ❸ 각종 증명서 발급, ❹ 항공권, ❺ 환전 및 여행자 보험 가입, ❻ 여행정보수집 등을 들 수 있습니다.

❶ 여권의 준비!

여권의 종류 : 여권은 '대한민국 국민임을 증명하는 증명서' 입니다. 외국에서의 안전을 보장해 주는 신분증이기에 가장 중요한 준비물입니다. 여권의 종류는 관용여권과 일반여권으로 나뉘며, 여행자들이 받게되는 일반여권은 유효기간에 따라 복수여권(5년), 단수여권(1년)으로 나뉩니다. 복수여권은 5년간 사용횟수에 제한이 없기 때문에 일반적으로 많이 신청합니다.

빠르게 찾고 쉽게 말하는 여행회화! 여러분의 여행을 보다 즐겁고 편안하게 만들어 드립니다!!

여권의 신청 : 여권은 시, 구청 여권과에서 발급하며, 보통 2~3일 소요됩니다. (지방 시, 군청은 7~10일 소요) 여권 신청서류는 ⓐ 여권발급 신청서, ⓑ 주민등록등본 1통, ⓒ 주민등록증이나 운전면허증, ⓓ 여권용 사진 2매, ⓔ 병역 서류(국외여행허가서), ⓕ 발급비(복수여권 : 45,000원, 단수 여권 : 15,000원) 등 입니다.

 **❷ 비자의 준비!**

비자(VISA)는 '입국사증', 즉 '입국을 허락하는 증명서'로 서 중국대사관에서 받을 수 있습니다. (서울시 중국 명동 2가 83 ☎ 02-771-3726) 중국비자는 단수와 복수 두 종류 로 복수 비자는 체재가 6개월 이상입니다. 관광이 목적일 경우는 관광용 L비자를 받을 수 있는데 유효기간 3개월에 체류 기간은 30일까지입니다. 비자 신청 서류는 ⓐ **여권 (유효기간 6개월 이상의 것)**, ⓑ **비자신청서**, ⓒ **여권사진 1장**, ⓓ **주민등록증 사본**, ⓔ **수수료** 등 입니다.

중국행 비자를 받는 또 다른 방법으로는 배를 타면서 받는 선상비자가 있습니다. 배를 타면서 받는 비자이기 때문 에 절차가 간단하다는 잇점이 있으나 유효기간여권이 1개 월로 짧다는 것과 수수료가 비싸다는 단점이 있습니다. 구 비서류는 ⓐ **여권(유효기간 6개월 이상의 것)**, ⓑ **비자신청 서**, ⓒ **여권사진 1장**, ⓓ **초청장**, ⓔ **수수료** 등 입니다.

그리고 또 한가지 방법은 홍콩에서 중국행 비자를 받는 방법입니다. 홍콩주재 중국외교부 사무소나 중국여행사에 신청하면 3개월짜리 비자를 빠르면 이틀 안에 받을 수 있 습니다. 그밖에 외국에서도 중국대사관에 가면 중국행 입 국비자를 신청할 수 있습니다.

❸ 각종 증명서!

ⓐ **국제학생증** : 국제학생여행연맹이 발급하는 전세계 어디에서나 통용되는 학생증입니다. 신청서류는 학생증사본, 반명함판 사진 1매, 신청서, 수수료이며, 발급장소는 국제학생여행사(☎ 02-733-9494)이며, 발급후 1년간 유효합니다.
http://www.isic.co.kr

ⓑ **국제운전면허증** : 여행지에서 직접 운전을 하실 분이라면 반드시 챙겨가야 하는 운전 면허증입니다. 신청은 관할 운전면허시험장에서 하며, 신청서류는 여권, 운전면허증, 주민등록증, 사진1매, 수수료(5,000원)입니다.

✚ 그밖의 여행준비물!

그밖에 필요한 여행준비물들로는 먼저 ⓐ 옷가지(해당지역의 기후에 맞게 2~3벌), 우비 또는 우산, 양말, 속옷(3~4벌)이 필수적이며, 비지니스맨이라면 색상이 다른 와이셔츠와 넥타이 세벌씩은 기본입니다. ⓑ 위생용구(수건, 세면도구, 화장품, 비상약품 - 감기약, 소화제, 정로환, 반창고, 붕대, 파스, 생리용품)가 필요할 것이며, 그리고 ⓒ 작은 배낭, 전대, 맥가이버칼, 간단한 인스턴트 식품류 2~3일분, 소형 계산기, 카메라, 필름 등을 준비하면 됩니다.

❶ 중국민항입니다. 말씀하십시오.

❷ 북경행 비행기편을 예약을 하고 싶습니다.

❸ 상해행 항공편을 예약하고 싶습니다.

❹ 언제 떠나실 예정이죠?

❺ 이번 금요일이요.

❻ 목요일 오후에 출발하는 비행기가 있나요?

❼ 천진까지 왕복 티켓료는 얼마입니까?

❽ 이코노미 클래스(2등석)로 주십시오.

❾ 그것으로 하겠습니다.

1

❶ 这里是中国民航。请讲。
쩌 리 쓰 쭝 구오 민 항 칭 지앙

❷ 想预订往北京的飞机票。
시앙 위 띵 왕 베이 찡 더 페이 찌 피아오

❸ 想预订往上海的飞机票。
시앙 위 띵 왕 쌍 하이 더 페이 찌 피아오

❹ 你打算什么时候出发?
니 다 쑤안 선 머 스 호우 추 파

❺ 这个星期五。
쩌 거 씽 치 우

❻ 有星期四下午出发的飞机吗?
요우 씽 치 쓰 씨아 우 추 파 더 페이 찌 마

❼ 到天津的往返票多少钱?
따오 티앤 찐 더 왕 판 피아오 뚜오 사오 치앤

❽ 我要普通舱的。
워 야오 푸 통 창 더

❾ 我要那个。
워 야오 나 거

❶ 중국 동방항공입니다. 말씀하십시오.

❷ 항공권 예약 재확인을 하고 싶습니다.

❸ 이 예약을 취소하겠습니다.

❹ 예약을 변경하고 싶습니다.

❺ 성함과 비행기 번호를 말씀해 주십시오.

❻ 제 이름은 김철수입니다.

❼ 저의 항공편 번호는 304입니다.

❽ 제 번호는 971-8346입니다.

❾ 좋습니다. 선생님의 예약이 확인되었습니다.

1

❶ 这里是中国东方航空。 请讲。
쩌 리 쓰 쭝 구오 똥 팡 항 콩 칭 지앙

❷ 想再确认预订的飞机票。
시앙 짜이 취에 런 위 띵 더 페이 찌 피아오

❸ 要取消这个预订。
야오 취 씨아오 쩌 거 위 띵

❹ 想变更预订。
시앙 삐 앤 껑 위 띵

❺ 请告诉姓名和航班号。
칭 까오 수 씽 밍 허 항 빤 하오

❻ 我的名字叫金哲秀。
워 더 밍 쯔 찌아오 찐 저 씨우

❼ 我的航班号是三〇四。
워 더 항 빤 하오 쓰 싼 링 쓰

❽ 我的号码是九七一八三四六。
워 더 하오 마 쓰 지우 치 야오 빠 싼 쓰 리우

❾ 好的。 确认您的预订了。
하오 더 취에 런 닌 더 위 띵 러

여행사	旅行社	뤼 싱 써
항공사	航空公司	항 콩 꽁 쓰
항공권	飞机票	페이 찌 피아오
예약	预订	위 띵
확인	确认	취에 런
재확인	再确认	짜이 취에 런
취소	取消	취 씨아오
정기편	班机	빤 찌
항공권	机票	찌 피아오
탑승권	登机牌	떵 찌 파이
1등석	头等舱	토우 덩 창
2등석	普通舱	푸 통 창
항공편명	航班号	항 빤 하오
연락처	地址	띠 즈
수속	手续	소우 쒸
카트	行李车	싱 리 처
대한항공	大韩航空	따 한 항 콩
아시아나항공	亚细亚航空	이아 씨 이아 항 콩

2. 출국수속!

 **❶ 출국준비의 순서!**

공항에서의 출국수속은 크게 다음과 같이 진행됩니다.
공항에 도착하시면 다음과 같은 순서로 출국수속을 밟
으세요.

❶ 병무신고(남자 : 공항병무신고 사무소 3층 A카운터
에서 확인필증 교부),　❷ 항공사 체크인(자신이 이용할
항공사 카운터로 이동해서 비행기 좌석번호와 수하물표
를 받음),　❸ 공항이용권 구입(자동판매기 이용) 및 환
전(공항 환전소나 공항내 면세점 구역 환전소 이용),
❹ 출입국신고서 작성(출국심사대 앞에 비치되어 있음),
❺ 비행기 탑승수속,　❻ 세관신고(고가품은 신고필증
(**custom stamp**)을 교부 받도록 함),　❼ 보안검색(금속
탐지문 통과),　❽ 출국심사(탑승권, 여권, 출입국신고서

를 제출하면 심사관이 확인한 후 날인과 함께 출입국신고서의 한쪽을 절취해 여권에 부착해 줍니다), ❾ 탑승게이트로 이동, ❿ 탑승의 순서로 임하시면 되겠습니다.

공항에는 최소한 2~3시간 전에 도착하도록 하며, 비행기 출발 30분 전에는 탑승게이트 대기실에 도착해 있어야 합니다.

 **❷ 인천국제공항 상식**

ⓐ **공항까지의 교통편 :** 국제선 이용 승객은 인천국제공항을 이용합니다. 인천국제공항까지는 인천국제공항 전용고속도로(40.2km)를 이용합니다. 서울에서 인천공항까지의 이동 방법으로는 리무진 버스(서울역-인천국제공항 간 75분 소요), 택시(60분 소요), 지하철(5호선 방화역, 김포공항 리무진 버스로 환승)을 이용하실 수 있습니다. 운송화물을 미리 보낼 경우, 김포 도심 터미널이나 삼성동 서울 도심공항 터미널을 이용하시면 공항 이용료가 할인됩니다.

> 인천국제공항 : **www.airport.or.kr**
> 서울 도심공항터미널 : **www.kcat.co.kr**

ⓑ **공항 면세점 :** 출국심사를 마치고 탑승게이트 쪽으로 들어서면 공항 면세점이 중앙에 있습니다. 선물(시계, 화장품, 향수, 민속상품, 기념품)이나 기호품(담배, 술, 초콜릿, 문구류, 필름)을 할인된 가격으로 살 수 있습니다.

❸ 공항에서 할 일!

ⓐ **병무신고** : 만 18세 이상 30세까지의 병역미필자는 인천 국제공항 청사 3층에 있는 병무신고소에 거주지 동사무소로부터 발급 받은 신고필증을 제출하고, 확인필증을 교부받으면 됩니다.

ⓑ **항공사 데스크에서의 보딩패스** : 항공사 데스크로 가서 여권, 항공권을 제시하면 비행기내 좌석번호를 받게 됩니다. 그리고 탁송할 화물들을 계근대 위에 올려 놓으면 항공사 직원은 확인 후 수하물표(claim tag)를 가방에 달아 줍니다. 화물의 인환증을 항공표 뒷면에 붙여 줄 것입니다. 이때 인환증의 갯수와 행선지 표시를 반드시 확인해 만약 화물이 분실되었을 경우를 대비해야 합니다.

ⓒ **출국수속** : 공항이용권을 내고 출국심사장으로 들어 가면 곧바로 세관을 통과하게 되고 출국심사대 앞에 서게 됩니다. 이때는 여권, 항공권, 출국신고서를 심사대 직원에게 제출하면 됩니다. 직원은 여권의 유효관계를 확인하고 출국심사확인표를 여권에 붙여 줍니다.

✚ 국제여객공항이용권과 출입국신고서 작성

'국제여객 공항이용권'은 각 데스크 근처의 자동판매기에서 살 수 있습니다. 공항이용권은 25,000원입니다. (이 이용권은 출국수속장 입구에 내시면 됩니다) 그리고 출입국신고서는 탑승수속 카운터 앞쪽에 마련된 테이블에 비치되어 있는 출입국신고서(**E/D Card**) 양식에 작성하면 됩니다. 양식은 한글, 한자, 알파벳으로 작성합니다.

보딩패스! 1.

❶ 비행기표를 보여 주시겠습니까?

❷ 여기 있습니다.

❸ 통로측 좌석을 원합니다.

❹ 네, 여기 있습니다. 좌석번호는 A-20입니다.

❺ KAL카운터로 이 짐을 운반해 주세요.

❻ 짐이 있습니까?

❼ 있습니다.

机票 (찌 피아오) : 비행기표

这儿 (쩔) : 여기

走廊 (조우 랑) : 통로

앗! 단어장!

2

❶ 给我看一下机票。
게이 워 칸 이 씨아 찌 피아오

❷ 在这儿。
짜이 쩔

❸ 要走廊的座位。
야오 조우 랑 더 쭈오 웨이

❹ 好，在这儿。座位是A-20。
하오 자이 쩔 쭈오 웨이 쓰 에이 얼 스

❺ 把这个行李搬到KAL服务台。
바 쩌 거 싱 리 빤 다오 칼 푸 우 타이

❻ 有行李吗?
요우 싱 리 마

❼ 有。
요우

座位 (쭈오 웨이) : 좌석

服务台 (푸 우 타이) : 카운터

行李 (싱 리) : 짐

앗! 단어장!

❽ 짐은 전부 3개입니다.

❾ 탑승 수속은 어디에서 합니까?

❿ 5번 게이트는 어딥니까?

⓫ 공항 이용료는 얼마입니까?

⓬ 탑승 시간은 언제입니까?

⓭ 면세점은 어디에 있습니까?

一共 (이 꿍) : 전부

登机手续 (떵 찌 소우 쒸) : 탑승 수속

登机口 (떵 찌 코우) : 게이트

❽ 行李一共是三个。
싱 리 이 꽁 쓰 싼 거

❾ 登机手续台在哪儿?
떵 찌 소우 쒸 타이 짜이 나알

❿ 五号登机口在哪儿?
우 하오 떵 찌 코우 짜이 나알

⓫ 机场费是多少钱?
찌 창 페이 쓰 뚜오 사오 치앤

⓬ 几点开始登机?
지 디앤 카이 스 덩 찌

⓭ 免税店在哪儿?
미앤 쑤이 띠앤 짜이 나알

机场费 (찌 창 페이) : 공항 이용료
多少钱 (뚜오 사오 치앤) : 얼마입니까
免税店 (미앤 쑤이 띠앤) : 면세점

앗! 단어장!

공항	机场	찌 창
국제공항	国际机场	구오 찌 찌 창
국제선	国际线	구오 찌 씨앤
국내선	国内线	구오 네이 씨앤
안내소	问讯处	원 쉰 추
입국수속	入境手续	루 찡 소우 쒸
검역소	检疫站	지앤 이 짠
검역증명서	检疫证书	지앤 이 쩡 쑤
세관	海关	하이 꾸안
탁송화물	托运行李	투오 윈 싱 리
탑승구	登机口	떵 찌 코우
대합실	候机室	호우 찌 쓰
트렁크	皮箱	피 씨앙
신분증명서	证件	쩡 찌앤
출국수속	出境手续	추 찡 소우 쒸
입국수속	入境手续	루 찡 소우 쒸
출발지	出发地	추 파 띠
도착지	目的地	무 띠 띠
탑승권	登机牌	떵 찌 파이
여권	护照	후 짜오
항공권	机票	찌 피아오
공항세	机场费	찌 창 페이
좌석번호	座位号	쭈오 웨이 하오
흡연금지	禁止吸烟	찐 즈 씨 이앤
항공사 카운터	航空公司 服务台	항 콩 꽁 쓰 푸 우 타이

3. 출발! 기내에서

❶ 기내의 안전수칙!

ⓐ **지정좌석** : 기내에서는 지정된 좌석에 앉아야 합니다. 짐은 머리 위쪽의 선반에 넣습니다. 안전을 위해 무거운 짐은 다리 아래 놓습니다. 승무원의 지시에 따라 이착륙시에는 좌석에 앉고, 반드시 안전밸트를 착용합니다. 좌석상단의 메시지 램프에는 안전고도에서 정상운행 중일지라도 기류에 따라 경고등이 표시되곤 합니다. 이때 **'No Smoking'**은 '금연'을, **'Fasten Seat Belt'**는 '안전벨트를 매시오' 라는 뜻입니다.

ⓑ **좌석의 조정** : 비행기의 좌석은 뒤로 젖힐 수 있게 되어 있어 장거리 여행시에는 뒤로 눕혀 잠을 잘 수도 있습니다. 그러나 이착륙시나 식사 때는 의자를 바로 세워 정위치로 만듭니다. 눕힐 때는 뒷좌석의 손님에게 양해를 구하거나 천천히 젖히는 것이 바람직합니다. 자리가 불편할 경우 승무원에게 부탁하면 다른 자리로 옮길 수 있습니다.

ⓒ **안전사항** : 비행기 멀미를 하시는 분이라면 좌석 앞주머니에 준비되어 있는 구토용 봉지를 사용하시거나, 호출버튼을 눌러 스튜어디스에게 찬음료나 진정제 등을 부탁할 수 있습니다. 그리고 기내 주요 유의사항으로는 비행기 안전운항에 장애가 될 수 있기 때문에 모든 전자제품의 사용을 금하는 것과 다른 승객에게 불편이 될 수 있기 때문에 기내에서는 금연이라는 것과, 그리고 흉기의 기내 반입은 절대 금지되고 있음을 기억해 주십시오.

❷ 기내의 식사!

기내식으로 제공되는 것으로는 식사, 차, 주류 및 청량음료 등이 있습니다. 좌석의 등급별로 식사는 다르게 나오며, 본인이 못 먹는 음식은 피할 수도 있습니다. (채식식단과 육식식단이 함께 준비되기 때문에 선택적으로 주문이 가능합니다.) 기내식은 통상 이륙 후 3~4시간 후에 서비스됩니다.

음료는 식사 때가 아니더라도 필요하면 언제라도 주문이 가능하며, 기내에서는 탄산음료 보다는 물이나 과일 주스류가 좋습니다. 주류는 제한된 양이지만 맥주 한두 캔이나 와인 한두 잔은 무료로 서비스됩니다. 그러나 기내에서의 음주는 기압과 안전을 고려해 평소 주량의 1/3 정도만 드시는 것이 좋습니다.

❸ 기내의 서비스들!

중국까지 항공편으로 갈 경우 소요되는 시간은 최고 4시간여 정도입니다. 중국행 기내에서는 좌석의 팔걸이에 장치된

다이얼과 좌석 주머니의 이어폰을 사용하여 영화와 함께 스포츠 방송을 볼 수 있고, 팝송, 컨트리송, 가요, 클래식 등 장르별로 음악을 즐길 수도 있습니다. 영화나 방송의 내용 그리고 음향이나 채널의 안내는 앞에 비치된 안내책자를 참고하십시오. 그밖에 중국의 신문, 잡지 및 트럼프, 바둑 등 오락기구도 구비되어 있어서 필요할 때 승무원에게 요구하시면 됩니다. 이들 오락기구는 대부분 승객들에게 서비스 되는 것들로 기념품으로 가져가도 됩니다. (헤드폰과 담요는 반납해야 함)

❹ 기내의 면세쇼핑!

기내에서는 양주, 담배, 향수, 시계, 화장품, 스카프, 완구 등의 기호품과 선물용품들이 면세된 가격으로 판매됩니다. 세계적으로 유명한 제품들이 선정되어 구비되어 있으며, 주문과 배달도 가능합니다. 쇼핑 품목 및 수량은 중국의 반입 허용량을 고려하여 구입하도록 합니다. 보통 양주는 2병, 담배는 20갑, 향수 1병 정도가 면세 한도입니다.

✚ 기내화장실 상식!

기내 화장실은 남녀 공용입니다. 화장실의 현재 사용 상태는 벽면의 표시등으로 표시됩니다. 사용중이면 **'Occupied'**, 비어 있을 때는 **'Vacant'**라는 표시등에 불이 켜집니다. 화장실로 들어 갈때는 문을 밀어서 열고, 나올 때는 잡아 당겨서 문을 엽니다. 화장실의 사용법은 일반 수세식변기 사용과 같으며, 사용한 휴지는 쓰레기통에 버려야 합니다. 이착륙시 또는 이상 기류로 기체가 흔들릴 때는 **'Return to seat'**(좌석으로 돌아가라)라는 표시등이 켜지게 됩니다. 이럴 땐 서둘러 자리로 돌아가도록 합니다. 화장실도 금연구역입니다. 반드시 지켜야 합니다.

① 기내 입구에서!

❶ 탑승권을 보여 주시겠습니까?

❷ 여기 있습니다.

❸ 손님 좌석은 30-B입니다.

❹ 고맙습니다.

❺ 실례합니다. 제 자리는 12-D입니다.

❻ 좌석 12-D는 어디입니까?

❼ 손님 좌석은 저쪽 통로 쪽입니다.

❽ 이 좌석이 어디입니까?

❾ 이쪽으로 오십시오.

❶ 看一下登机牌。
칸 이 씨아 떵 찌 파이

❷ 在这儿。
짜이 쩔

❸ 您的座位是30-B。
닌 더 쭈오 웨이 쓰 싼 스 비

❹ 谢谢。
씨에 시에

❺ 对不起. 我的座位是12-D。
뚜이 부 치 워 더 쭈오 웨이 쓰 스 얼 디

❻ 12-D 座位在哪儿?
스 얼 디 쭈오 웨이 짜이 나알

❼ 您的座位是那边走廊的。
닌 더 쭈오 웨이 쓰 나 삐앤 조우 랑 더

❽ 这个座位在哪儿?
쩌 거 쭈오 웨이 짜이 나알

❾ 请跟我来。
칭 껀 워 라이

❶ 자리 좀 바꾸어 주실 수 있습니까?

❷ 네, 뒤쪽에 빈자리가 많이 있습니다.

❸ 통로쪽 자리였으면 좋겠습니다.

❹ 잠깐 지나가도 될까요?

❺ 이 자리에 앉아도 되겠습니까?

❻ 죄송합니다만, 여긴 제자리 같습니다.

❼ 좌석을 제 위치로 해 주십시오.

❽ 의자를 뒤로 젖혀도 되겠습니까?

❾ 이 비행기는 정시에 이륙합니까?

❶ 调换座位, 可以吗?
띠아오 후안 쭈오 웨이 커 이 마

❷ 好, 后边有很多座位。
하오 호우 삐앤 요우 헌 뚜오 쭈오 웨이

❸ 我喜欢走廊的座位。
워 시 후안 조우 랑 더 쭈오 웨이

❹ 过去, 可以吗?
꾸오 취 거 이 마

❺ 坐在这儿, 行吗?
쭈오 자이 쩔 싱 마

❻ 对不起, 这是我的座位。
뚜이 부 치 쩌 쓰 워 더 쭈오 웨이

❼ 请把座椅放好。
칭 바 쭈오 이 팡 하오

❽ 把座椅放倒可以吗?
바 쭈오 이 팡 다오 커 이 마

❾ 飞机准时起飞吗?
페이 찌 준 스 치 페이 마

❸ 기내식의 주문!

❶ 닭고기 또는 쇠고기를 드시겠습니까?

❷ 쇠고기요리로 주세요.

❸ 녹차와 홍차 중 어떤 것을 드릴까요?

❹ 홍차로 주세요.

❺ 물을 좀 주세요.

❻ 오렌지 주스로 주십시오.

❼ 손님, 식사 다 하셨습니까?

❽ 네, 잘 먹었습니다.

❾ 고맙습니다.

❶ 你要鸡肉还是要牛肉?
니 야오 찌 로우 하이 쓰 야오 니우 로우

❷ 要牛肉。
야오 니우 로우

❸ 你要绿茶还是要红茶?
니 야오 뤼 차 하이 쓰 야오 홍 차

❹ 要红茶。
야오 홍 차

❺ 来一杯水。
라이 이 빼이 수이

❻ 要橘汁。
야오 쥐 쯔

❼ 先生, 吃好了吗?
씨앤 성 츠 하오 러 마

❽ 好, 吃饱了。
하오 츠 바오 러

❾ 谢谢。
씨에 시에

❶ 기내에서 면세품을 팝니까?

❷ 만년필 있습니까?

❸ 있습니다.

❹ 두 개에 얼마입니까?

❺ 여성용 화장품이 있습니까?

❻ 위스키 2병 주세요.

❼ 담배 있습니까?

❽ 한 보루 주세요.

❾ 한국돈으로 지불해도 됩니까?

3

❶ 飞机上卖免税品吗?
페이 찌 상 마이 미앤 쑤이 핀 마

❷ 有钢笔吗?
요우 깡 비 마

❸ 有。
요우

❹ 两个多少钱?
리앙 거 뚜오 사오 치앤

❺ 有妇女用的化粧品吗?
요우 푸 뉘 용 더 후아 쭈앙 핀 마

❻ 来两瓶威士忌。
라이 리앙 핑 웨이 쓰 찌

❼ 有香烟吗?
요우 씨앙 이앤 마

❽ 来一条。
라이 이 티아오

❾ 用韩币付钱, 可以吗?
용 한 삐 푸 치앤 커 이 마

⑤ 기내에서의 요구!

❶ 몸이 좋지 않습니다.

❷ 두통약 좀 있습니까?

❸ 네. 곧 가져오겠습니다.

❹ 마실 것 좀 드릴까요?

❺ 커피 한 잔 주세요.

❻ 마실 것 좀 가져다 주십시오.

❼ 스낵 드시겠어요?

❽ 아니오, 별로 먹고 싶지 않습니다.

❾ 한국 신문이 있습니까?

3

❶ 身体不舒服。
썬 티 뿌 쑤 푸

❷ 有头疼药吗?
요우 토우 텅 야오 마

❸ 有。马上带来。
요우 마 쌍 따이 라이

❹ 要喝点儿饮料?
야오 허 디얼 인 리아오

❺ 来一杯咖啡。
라이 이 뻬이 카 페이

❻ 给我一杯饮料。
게이 워 이 빼이 인 리아오

❼ 吃点儿饼干点心吗?
츠 디얼 빙 깐 디앤 씬 마

❽ 不, 我不想吃。
뿌 워 뿌 시앙 츠

❾ 有韩国报纸吗?
요우 한 구오 빠오 즈 마

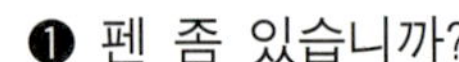

❻ 신고서의 작성!

❶ 펜 좀 있습니까?

❷ 그럼요. 여기 있습니다.

❸ 제 입국신고서 좀 봐주시겠습니까?

❹ 어떻게 기재하는지 가르쳐 주십시오.

❺ 여기에 무엇을 써야 됩니까?

❻ 입국신고서를 한 장 더 얻을 수 있을까요?

❼ 제가 좀 틀리게 썼습니다.

笔 (비) : 펜

这儿 (쩔) : 여기

入境申请表 (루 찡 썬 칭 비아오)
： 입국신고서

3

❶ 有笔吗?
요우 비 마

❷ 当然。在这儿。
땅 란 짜이 쩔

❸ 请帮我看一下我的入境申请表。
칭 빵 워 칸 이 씨아 워 더 루 찡 썬 칭 비아오

❹ 请教怎么填。
칭 찌아오 전 머 티앤

❺ 在这儿写什么?
짜이 쩔 시에 선 머

❻ 再来一张入境申请表。
짜이 라이 이 쌍 루 찡 썬 칭 비아오

❼ 我写错了。
워 시에 추오 러

请教 (칭 찌아오) : 가르쳐 주십시오
什么 (선 머) : 무엇
错 (추오) : 틀리다

앗! 단어장!

❶ 여기에서 얼마나 체류하게 되나요?

❷ 약 1시간 정도입니다.

❸ 당신은 통과 여객이십니까?

❹ 얼마나 기다려야 합니까?

❺ 대합실에 면세점이 있습니까?

❻ 면세점은 어디에 있습니까?

❼ 내가 탈 항공편의 확인은 어디에서 합니까?

小时 (시아오 스) : 시간

经过 (찡 구오) : 통과

旅客 (뤼 커) : 여객

3

❶ 在这儿待多久?
짜이 쩔 따이 뚜오 지우

❷ 大概一个小时。
따 까이 이 거 시아오 스

❸ 你是经过的旅客吗?
니 스 찡 구오 더 뤼 커 마

❹ 等待多久?
덩 따이 뚜오 지우

❺ 候机室有免税店吗?
호우 찌 쓰 요우 미앤 쑤이 디앤 마

❻ 免税店在哪儿?
미앤 쑤이 디앤 짜이 나알

❼ 在哪儿确认我的航班号?
짜이 나알 취에 런 워 더 항 빤 하오

待 (따이) : 기다리다

候机室 (호우 찌 쓰) : 대합실

免税店 (미앤 쑤이 디앤) : 면세점

앗! 단어장!

▶ 기내용 단어표현

기장	机长	찌 장
승무원	乘务员	청 우 위앤
여승무원	空中小姐	콩 쭝 시아오 지에
객실	客舱	커 창
화물실	货舱	후오 창
화장실	卫生间	웨이 썽 찌앤
이어폰	耳机	얼 찌
멀미주머니	清洁袋	칭 지에 따이
구명동의	救生衣	찌우 썽 이
기내선반	行李架	싱 리 찌아
독서등	阅读灯	위에 두 떵
안전벨트	安全带	안 취앤 따이
금연	禁烟	찐 이앤

▶ 기내화장실 안내문구

비어 있음	无人	우 런

3

사용중	有人	요우 런
콘센트	插座	차 쭈오
재떨이	烟灰缸	이앤 후이 깡
문을 잠그시오	关门	꾸안 먼
버튼을 누르시오	按铃	안 링
변기물을 내리시오	便后冲水	삐앤 호우 총 수이

● 경유 / 환승 관련 단어표현

비행기	飞机	페이 찌
대합실	候机室	호우 찌 쓰
입국신청서	入境申请表	루 찡 썬 칭 비아오
입국사증	入境签证	루 찡 치앤 쩡
목적지	目的地	무 띠 띠
시차	时差	스 차
이륙	起飞	치 페이
착륙	降落	찌앙 루오
국제공항	国际机场	구오 찌 찌 창
통과여객	经过的旅客	찡 구오 더 뤼 커

탑승 수속대   登机手续台

덩 찌 소우 쒸 타이

항공시간표   飞机动态显示牌

페이 찌 똥 타이 시앤 쓰 파이

✚ 선박편의 출국 상식!

보통 중국행 선박편은 인천에서 출발합니다. 기본적인 출국 수속에 대해 알아 보겠습니다.

ⓐ **출국수속** : 출국수속은 인천항 국제터미널에 있는 출국장에서 합니다. 출국수속 시간은 출항시간 3시간 전부터 시작하며, 1시간 전에 마감합니다. 수속시간을 놓치면 배를 탈 수 없습니다.

ⓑ **출국심사** : 여권, 승선권, 터미널 사용료를 내고 보딩패스(승선표)를 받으면 화물을 부칩니다. 다음 출국심사대로 가서 개인 휴대물품에 대한 검사 확인을 받습니다. (배 안으로 가지고 들어 갈 수 있는 휴대품은 보통의 여행가방 2개로 무게는 30kg으로 제한되어 있으며 초과시에는 추가요금을 지불해야 합니다.) 그리고 나서 출입국 신고서를 제출하면 됩니다. 출국심사대를 나오면 대기실에서 기다리다가 셔틀 버스를 타고 승선위치로 이동하게 됩니다.

4. 목적지 도착!

❶ 입국절차 상식!

목적지의 공항에 도착해서 비행기에서 내리면 곧 입국절차를 밟게 됩니다. 입국절차는 출국과 반대의 순으로 진행됩니다. 즉 ⓐ 공항도착, ⓑ 'Arrival' 이라고 표시된 출구로 나갑니다, ⓒ 검역소를 통과합니다. (보통은 생략됨), ⓓ 입국심사, ⓔ 수하물 찾기, ⓕ 세관검사, ⓖ 입국완료의 순으로 진행됩니다. 좀 더 세부적으로 소개하면 다음과 같습니다.

❷ 검역!

중국에 들어 갈 때는 건강신고서를 간단하게 작성해서 제출해야 합니다. 별도의 예방접종이 없이 신고만으로 입국시의 검역을 마칠 수 있습니다. 단, 장기간의 체류 목적으로 입국

하는 사람의 경우는 별도의 건강진단서(중국 정부 공인)를 제출해야 합니다.

❸ 입국심사!

입국심사는 입경심사대(入境手续, 또는 **Immigration**)라고 표시된 곳에 가서 외국인(外国人, 또는 **Foreigner**)이라고 써 있는 곳에 줄을 섭니다. 여행자는 심사원에게 여권, 입국 신고서를 제시해야 합니다. 그러면 심사관리는 여권확인과 함께 스탬프를 찍고 입국카드 확인부분을 여권에 넣어 다시 돌려주게 됩니다. 이렇게 하면 입국심사는 완료됩니다. 보통 입국경위나 체재지, 체재기간 등을 우리나라 사람에게는 묻지 않아 심사절차가 간단하게 마무리 됩니다.

❹ 수하물 찾기!

입국심사를 마치면 '수하물 찾는곳'(行李提取厅, 또는 **baggage claim area**)으로 갑니다. 찾을 짐이 많으면 짐수레(**cart**)를 준비해 탁송된 짐이 실려 나오는 콘베이어

앞에서 기다립니다. (비슷한 가방이 많기 때문에 이름을 반드시 확인할 것) 국제공항에는 수하물 찾는 곳이 여러 곳이므로, 본인이 이용했던 항공편 표시등 아래로 찾아가야만 착오가 없습니다. 수하물이 나오는 시간은 보통 30분 정도 걸리며, 착륙 비행기가 많을 경우에 1시간 넘게 걸리는 때도 있습니다. 자신의 짐이 발견되면 수하물 인환증(**claim tag**)의 번호와 짐 번호를 확인하도록 하며,

만약 짐이 나오지 않을 경우에는 항공사 직원에게 협조를 구하도록 합니다. 분실신고는 화물도착 후 4시간 이내에 해야 합니다.

❺ 세관통관 상식!

짐을 찾으면 마지막 통관문인 세관검사대(海关, 또는 **Customs**)로 갑니다. 신고 순서가 되기 전에 모든 짐의 자물쇠를 풀어 세관원이 쉽게 볼 수 있게 하며, 신고할 물건이 없으면 녹색 검사대를 이용하며, 짐이 여럿일 경우에는 붉은색 검사대 쪽으로 갑니다. 기내에서 작성한 세관 신고서와 여권을 세관원에게 제시하면 이를 토대로 짐을 조사합니다. 주로 검색하는 품목은 과세 대상품과 수입 금지품입니다. 과세 대상품에 속하는 귀금속, 사치품, 고급 카메라 등은 정확하게 신고해야 합니다. 그리고 수입 금지품은 무기류, 무선송신기, 청과물류, 고추가루 등입니다. 과세대상을 신고하지 않으면 압류당하거나 무거운 벌금을 내게 됩니다. 이렇게 하면 중국 입국을 위한 모든 심사과정은 끝이 납니다.

✚ 입국카드 작성법!

입국카드는 기내에서 미리 작성해 두도록 합니다. '입경등기카드' 의 작성법은 반드시 볼펜으로 기입하며, 정자체로 씁니다. 기록내용은 ① **성과 이름**, ② **생년월일**, ③ **성별**, ④ **여권번호**, ⑤ **국적**, ⑥ **중국비자번호**, ⑦ **동행 사람수**, ⑧ **항공기 편명**, ⑨ **직업**(해당란에 표시), ⑩ **중국내 체류지**, ⑪ **서명** 등을 각각 기입하면 됩니다.

❶ 입국심사는 어디에서 합니까?

❷ 여권 좀 보여 주시겠습니까?

❸ 검역증명서를 보여주세요.

❹ 방문 목적은 무엇입니까?

❺ 여행 왔습니다.

❻ 사업차 왔습니다.

❼ 친척을 방문하러 왔습니다.

❽ 중국 방문이 처음이십니까?

❾ 네, 이번이 처음입니다.

4

❶ 在哪儿办入境手续?
짜이 나알 빤 루 찡 소우 쉬

❷ 请给我看一下护照?
칭 게이 워 칸 이 씨아 후 짜오

❸ 请给我看一下检疫证书。
칭 게이 워 칸 이 씨아 지앤 이 쩡 쑤

❹ 入境目的是什么?
루 찡 무 띠 쓰 선 머

❺ 我来旅游。
워 라이 뤼 요우

❻ 我来做生意。
워 라이 쭈오 썽 이

❼ 我来探亲。
워 라이 탄 친

❽ 你第一次来中国吗?
니 띠 이 츠 라이 쭝 구오 마

❾ 是, 第一此来的。
쓰 띠 이 츠 라이 더

빠르게 찾고 쉽게 말하는 여행회화! 여러분의 여행을 보다 즐겁고 편안하게 만들어 드립니다!!

❿ 며칠 동안 체류하십니까?

⓫ 30일입니다.

⓬ 2주일 정도입니다.

⓭ 어디에 가십니까?

⓮ 남경입니다.

⓯ 북경 어디에서 머무르실 겁니까?

⓰ 북경 호텔에 머물 예정입니다.

⓱ 돌아갈 항공권을 갖고 계십니까?

⓲ 여기 있습니다.

❿ 你要待几天?
니 야오 따이 지 티앤

⓫ 一个月。
이 거 위에

⓬ 大概两个星期。
따 까이 리양 거 씽 치

⓭ 你去哪儿?
니 취 나알

⓮ 南京。
난 찡

⓯ 住在北京什么地方?
쭈 짜이 베이 찡 선 머 띠 팡

⓰ 打算住北京饭店。
다 쑤안 쭈 베이 찡 판 디앤

⓱ 有往返机票吗?
요우 왕 판 찌 피아오 마

⓲ 有。在这儿。
요우 자이 쩔

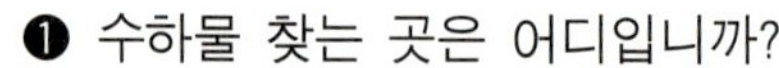

❶ 수하물 찾는 곳은 어디입니까?

❷ 수하물 찾는 곳은 저쪽입니다.

❸ 갈색가방이 제 것입니다.

❹ 나머지를 찾을 수가 없습니다.

❺ 실례합니다만, 제 가방을 찾을 수 없습니다.

❻ 제 짐을 찾을 수 있게 도와주세요.

❼ 그러죠. 수하물 인환증 가지고 계시죠?

行李提取厅 (싱 리 티 취 팅) : 수하물 찾는 곳

提包 (티 빠오) : 가방

別的 (비에 더) : 나머지

4

① 行李提取厅在哪儿?
싱 리 티 취 팅 짜이 나알

② 行李提取厅在那儿。
싱 리 티 취 팅 짜이 날

③ 褐色提包是我的。
허 써 티 빠오 쓰 워 더

④ 找不到别的。
자오 부 따오 비에 더

⑤ 对不起, 找不到我的行李。
뚜이 부 치 자오 부 따오 워 더 싱 리

⑥ 请帮我找一找我的行李。
칭 빵 워 자오 이 자오 워 더 싱 리

⑦ 好。 有行李牌吗?
하오 요우 싱 리 파이 마

对不起 (뚜이 부 치) : 실례합니다

行李 (싱 리) : 짐

行李牌 (싱 리 파이) : 수하물 인환증

앗! 단어장!

❶ 신고하실 것이 있습니까?

❷ 없습니다.

❸ 친구에게 줄 시계가 있습니다.

❹ 위스키 두 병을 갖고 있습니다.

❺ 이것들은 모두 개인 소지품입니다.

❻ 이 카메라는 내가 사용하는 것입니다.

❼ 이 가방 좀 열어 주시겠습니까?

❽ 세관으로 가 주십시오.

❾ 수화물 보관증을 발급하나요?

❶ 有要申报的东西吗？
요우 야오 썬 빠오 더 뚱 시 마

❷ 没有。
메이 요우

❸ 给朋友的手表。
게이 펑 요우 더 소우 비아오

❹ 有两瓶威士忌。
요우 리앙 핑 웨이 쓰 찌

❺ 这些都是我的随身物品。
쩌 시에 또우 쓰 워 더 수이 썬 우 핀

❻ 这台照相机是我自己用的。
쩌 타이 짜오 씨앙 찌 쓰 워 쯔 지 용 더

❼ 请打开手提箱, 好吗？
칭 다 카이 소우 티 씨앙 하오 마

❽ 请到海关去吧。
칭 따오 하 구안 취 바

❾ 发给行李牌吗？
파 게이 싱 리 파이 마

❶ 유스호스텔이 있습니까?

❷ 방을 예약하고 싶습니다.

❸ 근처에 다른 호텔이 있습니까?

❹ 5성급 호텔에 묵고 싶습니다.

❺ 호텔까지 어떻게 갑니까?

❻ 시내로 가는 버스가 있습니까?

❼ 버스 정류장은 어디 있습니까?

青年招待所 (칭니앤짜오따이수오) : 유스호스텔
预订 (위 띵) : 예약
附近 (푸 찐) : 근처

78

4

❶ 有青年招待所吗?
요우 칭 니앤 짜오 따이 수오 마

❷ 我想预订房间。
워 시앙 위 띵 팡 찌앤

❸ 附近有别的饭店吗?
푸 찐 요우 비에 더 판 띠앤 마

❹ 我想住五颗星饭店。
워 시앙 쭈 우 커 씽 판 띠앤

❺ 到饭店怎么走?
따오 판 띠앤 전 머 조우

❻ 有进城的公共汽车吗?
요우 찐 청 더 꽁 꽁 치 처 마

❼ 公共汽车站在哪儿?
꽁 꽁 치 처 짠 짜이 나알

饭店 (판 띠앤) : 호텔

怎么 (전 머) : 어떻게

公共汽车 (꽁 꽁 치 처) : 버스

여행자	旅客	뤼 커
관광	观光	꾸안 꾸앙
사업	生意	썽 이
연수	进修	찐 시우
회의	会议	후이 이
안내소	问讯处	원 쉰 추
짐수레	行李车	싱 리 처
신고하다	申报	썬 빠오
일용품	日用品	르 용 핀
개인용품	随身物品	수이 썬 우 핀
선물	礼物	리 우
약	药	야오
반입금지	禁止进口	찐 즈 찐 코우
면세품	免税品	미앤 쑤이 핀
관세법	关税法	꾸안 쑤이 파
세관직원	海关人员	하이 꾸안 런 위앤

5. 호텔의 이용!

❶ 호텔의 예약!

요즘은 대부분 출발전 한국에서 호텔예약을 하거나 본인이 직접 인터넷으로 예약을 합니다. 때문에 호텔예약 확인증(바우쳐)을 받아서 가지고 나가면 숙소 문제는 미리 해결하고 갈 수 있습니다. 한국에서 호텔을 미리 예약할 경우, 현지 요금의 80~85% 정도로 저렴합니다. (대부분의 여행사나 인터넷 사이트를 이용하면 쉽게 찾을 수 있습니다.)

중국 현지의 호텔을 정할 때 가장 중요한 사항은 교통이 편리한지, 시설은 낙후되지 않았는지, 가격은 적당한지를 알아봐야 합니다. 예약시에는 원하는 방의 종류, 도착일, 숙박일수, 항공편 등을 알려 주어야 하며, 현지에서 예약할 경우는 직접 전화를 하거나 여행 안내소에 예약을 부탁하면 됩니다.

# 호텔은 이렇게 이용!

❷ 중국의 숙박 시설!

중국의 숙박시설은 크게 호텔, 여관, 초대소로 나눌 수 있습니다. 호텔은 중국말로, 판띠앤(饭店), 자우띠앤(酒店), 빈관(宾馆)이라고 하는데 외국인 여행객은 주로 호텔에서 묵습니다. 호텔이 없는 지방의 작은 도시일 경우에는 여관(旅馆 : 뤼관)이나 초대소(招待所 : 자오다이수오)에 머물 수도 있을 것입니다.

❸ 객실의 종류!

중국 호텔 요금은 시설에 따라 크게 차이가 납니다. 별(★)의 숫자에 따라 1성급에서 5성급 호텔로 나뉘며, 별이 많을수록 고급호텔입니다. 보통 3성급 이상이면 고급호텔에 속합니다. 싱글룸(**Single room** : 1인실)은 单人房(딴 런 팡)이라고 하며, 트윈룸(**Twin-bed room** : 2인실)은 双人房(쑤앙 런 팡)이라고 합니다. 2인 1실 트윈룸의 경우, 요금은 보통 200~1,000元 정도이며, 최고급 호텔인 5성급의 경우는 1,500~3,000元 수준입니다. 호텔 요금에는 10~20%의 서비스 요금이 포함되며, 베이징처럼 대도시는 최고 25%까지 붙는 곳도 있습니다. 숙박비의 계산은 보통 달러나 인민폐로 합니다. 고급호텔의 경우는 크레디트 카드로도 결재가 됩니다.

❹ 체크인!

체크인(**check in** : 숙박절차)은 프론트 데스크인 총복무대(总服务台)에서 합니다. 예약이 되어 있을 경우는 이름을 말하시고 예약확인서(바우쳐)를 제시하면 직원은 예약리스트 또는 예약카드를 조회한 후, 숙박신고서 기재를 요구할 것입니다. 숙박신고서에 해당하는 외국인임시주숙등기표(外国人临时住宿登记表)에는 여권번호, 비자번호, 성명 등을 기입하도록 되어 있습니다. 체크인은 정오가 지나면 언제나 가능합니다.

❺ 체크아웃!

호텔의 숙박료는 하루, 즉 24시간 단위로 받습니다. 통상 정오에서 다음날 정오까지를 일박으로 계산하며, 이때가 이른바 체크아웃 타임(**check-out time**)입니다. 그 이상 호텔에 머물게 되면 반나절의 숙박요금을 더 물게 됩니다. 요금을 지불하는 방식으로는 ⓐ 크레디트 카드와 ⓑ 현금으로 지불하는 방법 두 가지가 있습니다만 고급 호텔이 아니면 현금을 선호하는 것이 중국의 현실입니다. 호텔계산서에는 숙박한 일수, 룸서비스를 이용해 드신 것의 요금, 식사대(호텔의 레스토랑 또는 바에서 사인한 청구서 등), 호텔에서 외부에 건 전화요금, 세탁료, 객실 냉장고에서 꺼내 마신 음료수 값 등이 계산됩니다.

✚ 중국 호텔 이용 상식!

중국은 물 사정이 좋지 않은 나라입니다. 때문에 고급 호텔이 아니면 샤워를 못할 수도 있습니다. 급수 시간에 맞춰 샤워를 해야 하며, 일반적으로 수돗물은 먹지 않는 것이 위생상 좋습니다. 가급적 끓인 물이나 차를 마실 것을 권합니다. 그리고 요금 체계가 자국인과 외국인이 다르기 때문에 자칫 바가지 요금을 낼 수도 있으므로 숙박비는 항상 두 곳 이상 비교해 보는 것이 좋습니다.

❶ 제 짐을 방까지 날라다 주세요.

❷ 프론트 데스크는 어딥니까?

❸ 제 이름은 이민수입니다.

❹ 저는 예약을 했습니다.

❺ 숙박부를 기재해 주십시오.

❻ 현금으로 지불하시겠습니까?

❼ 비자카드를 사용하겠습니다.

❽ 현금으로 하겠습니다.

❾ 당신 짐이 더 있습니까?

5

❶ 请到房间拿我的行李。
칭 따오 팡 찌앤 나 워 더 싱 리

❷ 服务台在哪儿?
푸 우 타이 짜이 나알

❸ 我的名字叫李民守。
워 더 밍 쯔 찌아오 리 민 소우

❹ 我已经预订了房间。
워 이 징 위 띵 러 팡 찌 앤

❺ 请登记一下。
칭 떵 찌 이 씨아

❻ 用现金付帐吗?
용 씨앤 찐 푸 짱 마

❼ 用 VISA CARD付钱。
용 비자 카드 푸 치앤

❽ 用现金付钱。
용 씨앤 찐 푸 치앤

❾ 你的行李还有吗?
니 더 싱 리 하이 요우 마

❶ 빈방이 있습니까?

❷ 예약은 못 했습니다.

❸ 다른 호텔을 추천해주십시오.

❹ 더블룸으로 드릴까요, 싱글룸으로 드릴까요?

❺ 싱글룸을 부탁합니다.

❻ 일주일 동안 묵을 생각입니다.

❼ 욕실(샤워실)이 있는 방을 원합니다.

❽ 조용한 방으로 주세요.

❾ 전망 좋은 방을 부탁합니다.

5

❶ 有空房间吗?
요우 콩 팡 찌앤 마

❷ 没有预订房间。
메이 요우 위 띵 팡 찌앤

❸ 请介绍一下别的饭店。
칭 찌에 싸오 이 씨아 비에 더 판 띠앤

❹ 你要双人房还是要单人房?
니 야오 쑤앙 런 팡 하이 쓰 야오 딴 런 팡

❺ 我要单人房。
워 야오 딴 런 팡

❻ 我打算住一个星期。
워 다 쑤안 쭈 이 거 씽 치

❼ 我要带卫生间的单人房。
워 야오 따이 웨이 셩 찌앤 더 딴 런 팡

❽ 我要安静的房间。
워 야오 안 찡 더 팡 찌앤

❾ 我要好风景的房间。
워 야오 하오 펑 징 더 팡 찌앤

❿ 싸고 깨끗한 방을 부탁합니다.

⓫ 1박에 얼마입니까?

⓬ 아침 식사가 포함되어 있습니까?

⓭ 세금과 봉사료가 포함되어 있습니까?

⓮ 더 싼방은 없습니까?

⓯ 먼저 방을 볼 수 있습니까?

⓰ 체크아웃은 언제 해야합니까?

⓱ 방을 보여 주시겠습니까?

⓲ 이 방으로 하겠습니다.

❿ 我要又便宜又干净的房间。
워 야오 요우 피앤 이 요우 깐 찡 더 팡 찌앤

⓫ 住一天多少钱?
쭈 이 티앤 뚜오 사오 치앤

⓬ 包括早餐吗?
빠오 쿠오 자오 찬 마

⓭ 包括税金和服务费吗?
빠오 쿠오 쑤이 찐 허 푸 우 페이 마

⓮ 没有再便宜一点儿的房间吗?
메이 요우 짜이 피앤 이 이 디얼 더 팡 찌앤 마

⓯ 先看看房间可以吗?
씨앤 칸 칸 팡 찌앤 커 이 마

⓰ 几点要退房?
지 디앤 야오 투이 팡

⓱ 请给我看一下房间。
칭 게이 워 칸 이 씨아 팡 찌앤

⓲ 我要这个房间。
워 야오 쩌 거 팡 찌앤

④ 객실의 이용!

❶ 에어컨(냉난방)은 어떻게 조절합니까?

❷ 식당은 몇 시에 엽니까?

❸ 아침식사 룸서비스가 됩니까?

❹ 비상구는 어디에 있습니까?

❺ 더운 물이 나오지 않습니다.

❻ 수건이 없습니다.

❼ 텔레비전이 켜지지 않습니다.

空调 (콩 티아오) : 에어컨(냉난방)
餐厅 (찬 팅) : 식당
安全门 (안 취앤 먼) : 비상구

5

❶ 空调怎么调整?
콩 티아오 전 머 티아오 정

❷ 餐厅几点开门?
찬 팅 지 디앤 카이 먼

❸ 送餐服务可以吗?
송 찬 푸 우 커 이 마

❹ 安全门在哪儿?
안 취앤 먼 짜이 나알

❺ 不出热水。
뿌 추 러 수이

❻ 没有手巾。
메이 요오 소우 찐

❼ 电视机坏了。
띠앤 쓰 찌 후아이 러

热水 (러 수이) : 더운 물

手巾 (소우 찐) : 수건

电视机 (띠앤 쓰 찌) : 텔레비전

앗! 단어장!

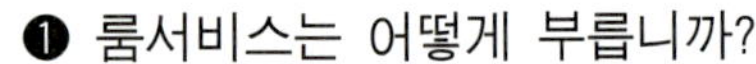

❶ 룸서비스는 어떻게 부릅니까?

❷ 룸서비스 부탁합니다.

❸ 방 번호를 가르쳐 주십시오.

❹ 여긴 305호실입니다.

❺ 7시 30분에 모닝콜 좀 부탁드릴게요.

❻ 주문한 아침식사가 아직도 오지 않았습니다.

❼ 따끈한 음료수 한 잔 주세요.

❽ 얼음과 생수를 좀 가져다 주십시오.

❾ 커피 한잔 주세요.

❶ 怎么叫客房服务?
전 머 찌아오 커 팡 푸 우

❷ 请转客房服务。
칭 주안 커 팡 푸 우

❸ 请告诉房间的号码。
칭 까오 수 팡 찌앤 더 하오 마

❹ 这里是三零五号。
쩌 리 쓰 싼 링 우 하오

❺ 请七点半叫醒我。
칭 치 디앤 빤 찌아오 싱 워

❻ 早餐还没来呢。
자오 찬 하이 메이 라이 너

❼ 请一杯饮料。
칭 이 뻬이 인 리아오

❽ 请氷块儿和矿泉水。
칭 뼁 쿠알 허 쿠앙 치앤 수이

❾ 请一杯咖啡。
칭 이 뻬이 카 페이

❶ 방을 바꾸고 싶습니다.

❷ 이 방은 너무 시끄럽습니다.

❸ 귀중품을 맡아 주시겠습니까?

❹ 이 짐을 좀 보관해 주시겠습니까?

❺ 315호실에 숙박하고 있습니다.

❻ 제 짐을 찾고 싶습니다.

❼ 제게 온 편지는 없습니까?

房间 (팡 찌앤) : 방

闹哄哄 (나오 홍 홍) : 시끄럽다

贵重物品 (꾸이 쭝 우 핀) : 귀중품

5

❶ 想换房间。
시앙 후안 팡 찌앤

❷ 这间房间闹哄哄。
쩌 찌앤 팡 찌앤 나오 홍 홍

❸ 保管贵重物品好吗?
바오 구안 꾸이 쭝 우 핀 하오 마

❹ 保管这个行李好吗?
바오 구안 쩌 거 싱 리 하오 마

❺ 我住三一五号。
워 쭈 싼 야오 우 하오

❻ 请给我的行李。
칭 게이 워 더 싱 리

❼ 有我的信吗?
요우 워 더 씬 마

保管 (바오 구안) : 보관

行李(싱 리) : 짐

信 (씬) : 편지

앗! 단어장!

❽ 제게 남겨진 메모는 없습니까?

❾ 이 편지를 항공편으로 부쳐 주십시오.

❿ 식당은 어디에 있습니까?

⓫ 아침식사는 몇 시에 먹을 수 있습니까?

⓬ 이 호텔의 주소를 알려 주십시오.

⓭ 하루 더 묵고 싶습니다.

⓮ 하루 일찍 떠나고 싶습니다.

留言 (리우 이앤) : 메모
航空信 (항 콩 씬) : 항공편
餐厅 (짠 팅) : 식당

앗! 단어장!

❽ 有给我的留言吗？
요우 게이 워 더 리우 이앤 마

❾ 我想寄航空信。
워 시앙 찌 항 콩 씬

❿ 餐厅在哪儿？
짠 팅 짜이 나알

⓫ 早餐可以几点吃？
자오 찬 커이 지 디앤 츠

⓬ 请告诉我饭店的地址。
칭 까오 수 워 판 띠앤 더 띠 즈

⓭ 我想再住一天。
워 시앙 짜이 쭈 이 티앤

⓮ 我想早一天退房。
워 시앙 자오 이 티앤 투이 팡

早餐 (자오 찬) : 아침식사

地址 (띠 즈) : 주소

一天 (이 티앤) : 하루

앗! 단어장!

❶ 식당은 몇 층에 있습니까?

❷ 무엇을 주문하시겠습니까?

❸ 아침은 양식으로 주십시오.

❹ 계란 후라이와 베이컨을 주세요.

❺ 호텔 안에 한국식당이 있습니까?

❻ 물 좀 주시겠습니까?

❼ 카페인 없는 커피 있습니까?

❽ 계산서를 주시겠습니까?

❾ 이 요금을 숙박비에 포함시켜 주시겠습니까?

5

❶ 餐厅在几楼?
찬 팅 짜이 지 로우

❷ 要什么?
야오 선 머

❸ 早餐给我西餐。
자오 찬 게이 워 씨 찬

❹ 请给我煎鸡蛋和咸猪肉。
칭 게이 워 찌앤 찌 단 허 시앤 쭈 로우

❺ 饭店里有韩国餐厅吗?
판 띠앤 리 요우 한 구오 찬 팅 마

❻ 请给我一杯水。
칭 게이 워 이 뻬이 수이

❼ 有没咖啡因的咖啡吗?
요우 메이 카 페이 인 더 카 페이 마

❽ 请给我帐单?
칭 게이 워 쨩 딴

❾ 把这个费用包括住宿费可以吗?
바 쩌 거 페이 용 빠오 쿠오 쭈 수 페이 커 이 마

빠르게 찾고 쉽게 말하는 여행회화! 여러분의 여행을 보다 즐겁고 편안하게 만들어 드립니다!!

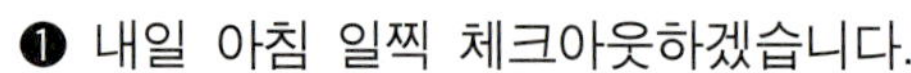

❶ 내일 아침 일찍 체크아웃하겠습니다.

❷ 오늘밤에 계산하겠습니다.

❸ 제 짐을 로비까지 내려주세요.

❹ 지금 체크아웃하고 싶습니다.

❺ 모두 얼마입니까?

❻ 527호의 김진수입니다.

❼ 여행자수표 받습니까?

❽ 제 짐은 내려왔습니까?

❾ 잘 지냈습니다.

5

❶ 明天早晨要退房。
밍 티앤 자오 천 야오 투이 팡

❷ 今天晚上要结帐。
찐 티앤 완 상 야오 지에 짱

❸ 请把我的行李送到大厅。
칭 바 워 더 싱 리 쏭 다오 따 팅

❹ 现在我想退房。
씨앤 짜이 워 시앙 투이 팡

❺ 一共多少钱?
이 꽁 뚜오 사오 치앤

❻ 我是五二七号房间的金真守。
워 쓰 우 얼 치 하오 팡 찌앤 더 찐 쩐 소우

❼ 用旅行支票付钱可以吗?
용 뤼 싱 쯔 피아오 푸 치앤 커 이 마

❽ 我的行李下来了吗?
워 더 싱 리 씨아 라이 러 마

❾ 住得很舒服。
쭈 더 헌 쑤 푸

❶ 유스호스텔에 어떻게 갑니까?

❷ 걸어서 얼마나 걸립니까?

❸ 몇 번 버스를 타야합니까?

❹ 여기서 오늘 밤 묵을 수 있습니까?

❺ 오늘 밤 다인실이 있습니까?

❻ 1박에 얼마입니까?

❼ 3일간 머무르고 싶습니다.

走路 (조우 루) : 길을 걷다

公共汽车 (꽁 꽁 치 처) : 버스

今天晚上 (찐 티앤 완 상) : 오늘 밤

5

❶ 青年招待所怎么走?
칭 니앤 짜오 따이 수오 전 머 조우

❷ 走路需要多长时间?
조우 루 쉬 야오 뚜오 창 스 찌앤

❸ 要上几路公共汽车?
야오 쌍 지 루 꽁 꽁 치 처

❹ 今天晚上住在这儿可以吗?
찐 티앤 완 상 쭈 자이 쩔 거 이 마

❺ 今天晚上有多人房吗?
찐 티앤 완 상 뚜오 런 팡 마

❻ 住一天多少钱?
쭈 이 티앤 뚜오 사오 치앤

❼ 我想住三天。
워 시앙 쭈 싼 티앤

多人房 (뚜오 런 팡) : 다인실

多少钱 (뚜오 사오 치앤) : 얼마입니까

三天 (싼 티앤) : 3일

앗! 단어장!

❽ 아침식사는 얼마입니까?

❾ 취사를 할 수 있습니까?

❿ 냄비를 빌려 주십시오.

⓫ 시트를 빌려 주십시오.

⓬ 짐을 이곳에 놓아도 됩니까?

⓭ 짐은 어디에 맡기면 됩니까?

⓮ 주의해야 할 사항이 있습니까?

做饭 (쭈오 판) : 취사
小锅 (시아오 꾸오) : 냄비
床单 (추앙 딴) : 시트

5

❽ 早餐多少钱?
자오 찬 뚜오 사오 치앤

❾ 可以做饭吗?
커이 쭈오 판 마

❿ 请借给小锅。
칭 찌에 게이 시아오 꾸오

⓫ 请借给床单。
칭 찌에 게이 추앙 딴

⓬ 行李放在这儿可以吗?
싱 리 팡 자이 쩌 커이 마

⓭ 行李在哪儿存放?
싱 리 짜이 나알 춘 팡

⓮ 有特别注意的吗?
요우 터 비에 쭈 이 더 마

行李 (싱 리) : 짐
存放 (춘 팡) : 맡기다
注意 (쭈 이) : 주의

앗! 단어장!

➡ 프론트 관련 단어표현

호텔	饭店	판 띠앤
프론트 데스크	服务台	푸 우 타이
지배인	经理	찡 리
회계원	会计	콰이 찌
손님	客人	커 런
관광지	观光地点	꾸안 꾸앙 띠 디앤
숙박카드	住宿登记表	쭈 쑤 떵 찌 비아오
명세서	清单	칭 딴
영수증	收据	소우 쮜
귀중품	贵重物品	꾸이 쭝 우 핀

➡ 객실 관련 단어표현

싱글룸	单人房	딴 런 팡
트윈룸	双人房	쑤앙 런 팡
조용한 방	安静的房间	안 찡 더 팡 찌앤
전망 좋은 방	好风景的房间	하오 펑 징 더 팡 찌앤

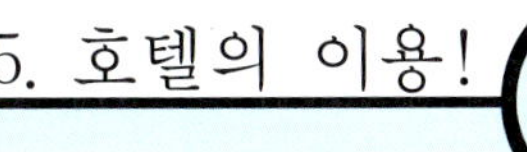

5

냉난방기	空调	콩 티아오
메모판	留言牌	리우 이앤 파이
욕실	浴室	위 쓰
욕조	浴缸	위 강
샤워	洗浴	시 위
목욕타월	洗浴巾	시 위 찐
수건	手巾	소우 찐
화장실	卫生间	웨이 썽 찌앤
휴지	卫生纸	웨이 썽 즈
비상구	安全门	안 취앤 먼
복도	走廊	조우 랑
1층	一楼	이 로우
2층	二楼	얼 로우
엘리베이터	电梯	띠앤 티
층계	阶梯	찌에 티
로비	大厅	따 팅
행사장	会堂	후이 탕
식당	餐厅	찬 팅
커피숍	咖啡厅	카 페이 팅

✚ '중국에는 유스호스텔이 없다?'

중국에는 유럽식의 유스호스텔(**Youth hostel**)이 없습니다. 유스호스텔은 저렴한 숙박비와 깨끗한 시설로 배낭 여행자들에게는 더없이 훌륭한 숙소입니다만(유스호스텔에서는 팁이 없습니다.) 안타깝게도 중국에는 없습니다. 그래서 실질적인 배낭 여행자를 위한 숙소는 없는 셈입니다만 대학내 유학생 기숙사를 그 대용으로 이용해 볼 만 합니다. 방학 기간동안 자국으로 돌아가 비어 있는 기숙사를 이용하는 것으로 호텔 요금의 10분의 1 정도 선에서 이용이 가능합니다. 이용을 원하시면 유명 대학의 외국인 기숙사를 방문하거나 국내 여행사의 주선을 통하면 가능합니다.

그밖에도 동행인 수가 많다면 호텔내의 도미토리, 즉 다인용 방을 이용해 볼 수도 있을 것입니다. 도미토리는 일행이 아닌 사람들과도 함께 써야 하기때문에 물건의 분실과 안전에 대비해야 합니다. 호텔의 도미토리는 대개 별관 형태로 운영됩니다.

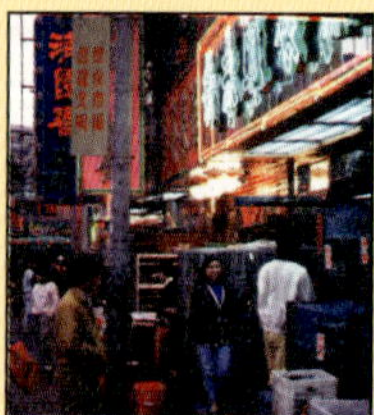

그리고 중국의 여관과 초대소는 원래 자국민의 단체 손님을 위해 운용되는 것이지만 큰 호텔이 없는 지방 소도시의 경우는 이용할 수 밖에 없겠습니다. 여관이나 초대소는 사실상 외국인의 사용이 금지되어 있습니다만 수단껏 주인을 설득해서 이용할 수 있습니다.

6. 식당과 요리!

❶ 중국의 음식점!

중국이 '음식천국' 이고 '요리천지' 인 것은 사실이지만 모두 우리 입맛에 맞는 것은 아니며, 특히나 기름진 음식이 많고 진한 향료가 들어 있어 음식의 주문이 여간 힘들지 않습니다. 그래서 중국에서 식사를 할 수 있는 일반적인 방법들에 대해서 살펴 보도록 하겠습니다.

ⓐ **호텔의 식당** : 가장 무난한 방법 중에 하나라고 할 수 있습니다. 호텔에서 제공하는 조식이나 호텔 내의 식당가는 소위 글로벌한 음식 맛으로 우리가 평소 접하는 음식과 맛을 그대로 즐길 수 있습니다. 기본적으로 양식당, 일식당, 이태리 요리와, 프랑스 식당, 그리고 한국 요리점까지 생기고 있어 호텔 안에서의 식사는 크게 문제가 없습니다. 다만 문제

는 음식값이 비싸다는 것과 별도의 봉사료가 포함된다는 것, 그리고 관광 등 일정이라는 것이 있기 때문에 매끼니를 호텔식으로 할 수 없다는 점이 있겠습니다. 호텔 식당의 경우, 예약을 하거나 영업시간을 미리 체크해야 할 필요가 있습니다.

ⓑ **전문 식당** : 쇼핑가나 백화점 등 요리 전문점들이 있습니다. 양식을 비롯해, 일식, 중식, 한식 등 외국계 체인점들이 영업을 하고 있어서 우리에게도 익숙한 음식점들이 많이 있습니다. 일반 중국 음식점에 비해서는 비싸지만 별도의 서비스료를 내야하는 호텔식보다는 저렴하게 즐길 수 있습니다.

ⓒ **일반 음식점** : 중국에는 나라에서 운영하는 대형음식점들이 있습니다. 중국의 일반인을 대상으로 영업하기 때문에 가격도 저렴하고 다양한 음식을 접할 수 있는 곳입니다. 소위 음식 백화점의 형태를 띠고 있으며, 1층의 일반석은 윗층의 특별석에 비해 가격이 쌉니다. 그밖에도 개인이나 기업체가 운영하는 식당들도 있어서 적당한 가격에 여러가지 음식을 맛볼 수 있습니다.

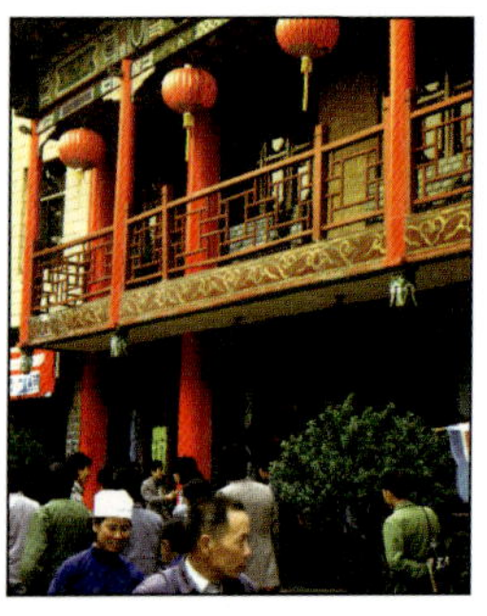

ⓓ **길거리 음식** : 가장 싸고 가장 빠르게 먹을 수 있는 요리로 길거리 음식을 들 수 있습니다. 우리에게 익숙한 만두나 면요리 등을 즉석에서 맛볼 수 있습니다. 단 여름철의 경우 위생 상태가 좋지 않아서 끓이거나 데운 음식이 아

6

니면 주의를 필요로 합니다. 대표적인 길거리 음식들로는 니우로우미앤, 찌엔삥, 로우추안 등을 들 수 있습니다. 주로 면류, 덧밥류, 꼬치류 등으로 이루어져 있으며, 다른 사람들이 먹는 것을 보고 그대로 주문해도 됩니다.

❷ 간식거리!

우리에게 익숙한 대표적인 중국 요리 중의 하나는 단연 만두! 만두와 함께 찐빵은 우리에게도 친숙한 먹거리입니다. 단 만두의 경우는 만두속의 내용에 따라 이름과 맛이 달라지는데 문제는 우리에게 익숙하지 않은 향신료를 첨가해서 냄새부터 거부감을 갖게 할 수 있다는것입니다. 그래서 음식을 시키기 전에 다른 사람들의 요리에서 나는 냄새를 먼저 '확인' 하는 것이 좋습니다.

✚ 중국의 패스트푸드점!

중국에서 현재 외식산업이 급성장하고 있습니다. 중국 음식이 맞지 않는다면 한국식당가나 패스트푸드점을 이용해도 좋을 것입니다.

롯데리아 : 乐天利 (러 티엔 리)
맥도날드 : 麦当劳 (마이 땅 라오)
켄터키치킨 : 肯得基 (컨 더 지)
피자헛 : 必胜客 (삐 성 커)
던킨 도너츠 : 当肯 (땅 컨)
파파이스 : 派派思 (파이 파이 스)

❶ 식당의 예약

❶ 예약이 필요합니까?

❷ 알겠습니다. 성함을 말씀해 주세요.

❸ 제 이름은 이진수입니다.

❹ 몇 분이십니까?

❺ 모두 여섯 명입니다.

❻ 7시에 가겠습니다.

❼ 영업은 몇 시까지입니까?

需要 (쉬 야오) : 필요

名字 (밍 쯔) : 성함

几位 (지 웨이) : 몇 분

❶ 需要预订吗?
쉬 야오 위 띵 마

❷ 明白。请讲你的名字。
밍 바이 칭 지앙 니 더 밍 쯔

❸ 我叫李镇秀。
워 찌아오 리 쩐 씨우

❹ 是几位?
쓰 지 웨이

❺ 一共是六个人。
이 꽁 쓰 리우 거 런

❻ 七点去。
치 디앤 취

❼ 到几点营业?
따오 지 디앤 잉 이에

一共 (이 꽁) : 모두
七点 (치 디앤) : 7시
营业 (잉 이에) : 영업

앗! 단어장!

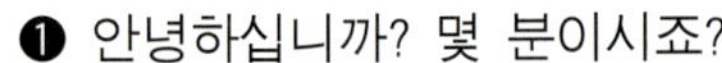

❶ 안녕하십니까? 몇 분이시죠?

❷ 세 명입니다.

❸ 잠시 여기 기다려 주십시오.

❹ 기다리겠습니다.

❺ 얼마나 기다려야 합니까?

❻ 테이블이 마련되어 있습니다.

❼ 이쪽으로 오십시오.

三个人 (싼 거 런) : 세 명
等 (덩) : 기다리다
一下 (이 씨아) : 잠시

6

❶ 你好。是几位?
니 하오 쓰 지 웨이

❷ 是三个人。
쓰 싼 거 런

❸ 在这儿等一下。
짜이 쩔 덩 이 씨아

❹ 我要等吧。
워 야오 덩 바

❺ 等多久?
덩 뚜오 지우

❻ 餐台准备好了。
찬 타이 준 뻬이 하오 러

❼ 请跟我来。
칭 껀 워 라이

餐台 (찬 타이) : 테이블
准备 (준 뻬이) : 준비하다
来 (라이) : 오다

앗! 단어장!

❶ 우선 메뉴를 좀 보겠습니다.

❷ 이것으로 주세요.

❸ 여기에서 잘하는 음식을 소개해 주십시오.

❹ 오늘의 특별요리는 무엇입니까?

❺ 어떤 요리들이 있습니까?

❻ 간단히 먹고 싶습니다.

❼ 스테이크를 어떻게 익혀드릴까요?

❽ 반쯤 익혀주세요.

❾ 살짝 구워 주세요.

6

❶ 先看一看菜单。
씨앤 칸 이 칸 차이 딴

❷ 我要这个。
워 야오 쩌 거

❸ 请介绍一下这儿的拿手菜。
칭 찌에 싸오 이 씨아 쩔 더 나 소우 차이

❹ 今天的特菜是什么?
찐 티앤 더 터 차이 쓰 선 머

❺ 有什么菜?
요우 선 머 차이

❻ 我想吃简单一点儿。
워 시앙 츠 지앤 딴 이 디얼

❼ 牛排怎么烧?
니우 파이 전 머 싸오

❽ 我要中烧。
워 야오 쫑 싸오

❾ 我要生烧。
워 야오 썽 싸오

❶ 탕을 주세요.

❷ 야채를 주세요.

❸ 어느 요리가 좀 쌉니까?

❹ 약간 매우 요리는 무엇입니까?

❺ 조금만 맛 볼 수 있을까요?

❻ 후식(水果)은 무엇이 있습니까?

❼ 후식으로 과일이 있습니까?

❽ 커피로 주세요.

❾ 중국차로 하겠습니다.

❶ 要汤。
야오 탕

❷ 要野菜。
야오 이에 차이

❸ 哪个菜是便宜的?
나 거 차이 쓰 피앤 이 더

❹ 比较辣的是什么?
비 찌아오 라 더 쓰 선 머

❺ 尝尝一点儿可以吗?
창 창 이 디얼 커이 마

❻ 有什么水果?
요우 선 머 수이 구오

❼ 甜食有水果吗?
티앤 스 요우 수이 구오 마

❽ 我要咖啡。
워 야오 카 페이

❾ 我要中国茶。
워 야오 쭝 구오 차

❶ 요리가 아직 안나왔습니다.

❷ 이것은 내가 주문한 것이 아닙니다.

❸ 이 요리는 어떻게 먹는거죠?

❹ 스푼을 떨어뜨렸습니다.

❺ 소금 좀 가져다 주세요.

❻ 생수 좀 주세요.

❼ 빵을 조금 더 주세요.

菜 (차이) : 요리

这 (쩌) : 이것

汤匙 (탕 츠) : 스푼

❶ 菜还没来。
차이 하이 메이 라이

❷ 这不是我点的。
쩌 부 쓰 워 디앤 더

❸ 这个菜怎么吃?
쩌 거 차이 전 머 츠

❹ 汤匙掉了。
탕 츠 띠아오 러

❺ 请给我食盐。
칭 게이 워 스 이앤

❻ 请给我一杯矿泉水。
칭 게이 워 이 뻬이 쿠앙 취앤 수이

❼ 再来一点儿面包。
짜이 라이 이 디얼 미앤 빠오

食盐 (스 이앤) : 소금

矿泉水 (쿠앙 취앤 수이) : 생수

面包 (미앤 빠오) : 빵

❶ 무엇을 좀 먹고 싶습니다.

❷ 근처에 유명한 레스토랑이 있습니까?

❸ 이 지방의 명물 요리를 먹고 싶습니다.

❹ 나는 프랑스 요리를 먹고 싶습니다.

❺ 이 근처에 중국요리점은 어디입니까?

❻ 한국 음식점으로 갑시다.

❼ 이쪽 자리에 앉아도 됩니까?

❽ 메뉴를 보여 주십시오.

❾ 한국어 메뉴가 있습니까?

6

❶ 我想吃点儿什么。
워 시앙 츠 디얼 선 머

❷ 附近有一家好餐厅吗?
푸 찐 요우 이 찌아 하오 찬 팅 마

❸ 我想吃这儿有名的菜。
워 시앙 츠 쩔 요우 밍 더 차이

❹ 我想吃法国菜。
워 시앙 츠 파 구오 차이

❺ 附近有中餐厅吗?
푸 찐 요우 쭝 찬 팅 마

❻ 我们去韩国餐厅吧。
워 먼 취 한 구오 찬 팅 바

❼ 坐这边的座位可以吗?
쭈오 쩌 비앤 더 쭈오 웨이 커 이 마

❽ 请给我看看菜单。
칭 게이 워 칸 칸 차이 딴

❾ 有韩国语的菜单吗?
요우 한 구오 위 더 차이 딴 마

❶ 빅맥 햄버거와 콜라 한 병 주세요.

❷ 햄샌드위치 하나와 파인애플 주스 한 병
주세요.

❸ 음료는 무엇으로 하시겠습니까?

❹ 콜라로 주세요.

❺ 아이스크림 하나 주세요.

❻ 커피로 하겠어요.

❼ 더 주문하실 것은 없으십니까?

❽ 여기서 드실건가요, 가지고 가실건가요?

❾ 여기서 먹을 거예요.

6

❶ 请给我一个巨无霸和一瓶可乐。
칭 게이 워 이 거 쮜 우 빠 허 이 핑 커 러

❷ 来一个火腿三明治和一瓶萝汁。
라이 이 거 후오 투이 싼 밍 쯔 허 이 핑 루오 쯔

❸ 喝点儿什么饮料?
허 디얼 선 머 인 리아오

❹ 要可乐。
야오 커 러

❺ 来一个冰淇淋。
라이 이 거 삥 치 린

❻ 要咖啡。
야오 카 페이

❼ 还要别的吗?
하이 야오 비에 더 마

❽ 在这儿吃还是带走?
짜이 쩔 츠 하이 스 따이 조우

❾ 在这儿吃。
짜이 쩔 츠

❶ 계산서 부탁합니다.

❷ 봉사료까지 포함되어 있습니까?

❸ 각자 냅시다.

❹ 내가 지불하겠습니다.

❺ 선불입니까?

❻ 계산서가 잘못된 것 같습니다.

❼ 거스름 돈 여기 있습니다.

帳单 (짱 딴) : 계산서

包括 (빠오 쿠오) : 포함

服务费 (푸 우 페이) : 봉사료

6

❶ 请给我帐单。
칭 게이 워 짱 딴

❷ 包括服务费吗?
빠오 쿠오 푸 우 페이 마

❸ 分开算吧。
펀 카이 쑤안 바

❹ 我请客。
워 칭 커

❺ 先付钱吗?
씨앤 푸 치앤 마

❻ 我看, 帐单上有差错。
워 칸 짱 딴 상 요우 차 추오

❼ 这儿有零钱。
쩔 요우 링 치앤

先 (씨앤) : 미리

差错 (차 추오) : 잘못

零钱 (링 치앤) : 거스름

앗! 단어장!

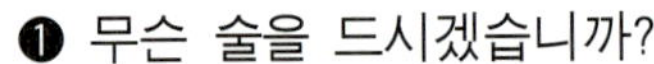

❶ 무슨 술을 드시겠습니까?

❷ 중국 명주는 무엇이 있습니까?

❸ 죽엽청주 주세요.

❹ 순한 술도 있습니까?

❺ 이 지방의 특산주를 먹겠습니다.

❻ 맥주 주세요.

❼ 실례지만, 어떤 맥주가 있죠?

❽ 한잔 더 주세요.

❾ 선물하기에 좋은 술은 무엇입니까?

6

❶ 喝点儿什么酒?
허 디얼 선 머 지우

❷ 有什么中国名酒?
요우 선 머 쭝 구오 밍 지우

❸ 来一瓶竹叶青酒。
라이 이 펑 주 이에 칭 지우

❹ 还有酒精低的吗?
하이 요우 지우 찡 띠 더 마

❺ 我想喝这儿特产名酒。
워 시앙 허 쩔 터 찬 밍 지우

❻ 来啤酒。
라이 피 지우

❼ 请问, 有什么啤酒?
칭 원 요우 선 머 피 지우

❽ 再来一杯。
짜이 라이 이 뻬이

❾ 有什么好礼物的名酒?
요우 선 머 하오 리 우 더 밍 지우

⇨ 식당 관련 단어표현

식당	餐厅	찬 팅
식사	吃饭	츠 판
주문	点菜	디앤 차이
메뉴	菜单	차이 딴
아침식사	早餐	자오 찬
점심식사	午餐	우 찬
저녁식사	晚餐	완 찬
양식	西餐	씨 찬
중식	中餐	쭝 찬
일상 가정음식	家常菜	찌아 창 차이

⇨ 식사 관련 단어표현

요리의 전채	前菜	치앤 차이
샐러드	色拉	써 라
수프	汤	탕

밥	米饭	미 판
빵	面包	미앤 빠오
나이프(칼)	餐刀	찬 따오
포크	餐叉	찬 차
국숟가락	汤匙	탕 츠
냅킨	餐巾	찬 찐
이쑤시개	牙签儿	이야 치알
재떨이	烟灰缸	이앤 후이 깡

➲ 요리 관련 단어표현

쇠고기	牛肉	니우 로우
돼지고기	猪肉	쭈 로우
닭고기	鸡肉	찌 로우
생선	鲜鱼	씨앤 위
양고기	羊肉	양 로우
해물요리	海鲜	하이 씨앤

➡ 후식 관련 단어표현

커피	咖啡	카 페이
홍차	红茶	홍 차
코카콜라	可口可乐	커 코우 커 러
과일주스	水果汁	수이 구오 쯔
음료수	饮料	인 리아오

➡ 계산 관련 단어표현

계산서	帐单	짱 딴
서비스요금	服务费	푸 우 페이
웨이터	男服务员	난 푸 우 위앤
웨이트레스	女服务员	뉘 푸 우 위앤

➡ 패스트푸드 관련 단어표현

롯데리아	乐天利	러 티엔 리
맥도날드	麦当劳	마이 땅 라오
켄터키치킨	肯得基	컨 더 찌
파파이스	派派思	파이 파이 스
피자헛	必胜客	삐 성 커
던킨 도너츠	当肯	땅 컨
햄버거	汉堡包	한바오 빠오
코카콜라	可口可乐	커 커우 커 러
피자	皮杂饼	피 자 빙
핫도그	热狗	러 꺼우

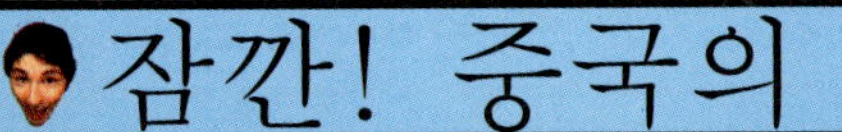

중국의 음식!

중국요리는 자타가 자랑하는 최고의 요리입니다. 요리의 종류나 재료의 다양성에 있어 단연 최고라고 할 수 있습니다. 중국의 대표적인 요리에는 어떤 것이 있는지 잠깐 정보를 통해 알아 보도록 하겠습니다.

중국요리는 다양한 지방색이 반영되어 크게 중국 4대 요리로 나뉘어집니다. 북경요리, 사천요리, 광동요리, 산동요리가 그것입니다.

❶ 북경요리 :

북경요리는 궁정요리라도 합니다. 황제를 위한 식단이라는 뜻인데 이름에 걸맞게 진귀하고 좋은 재료들로 만들어 내는 요리입니다. 특히 눈으로 보기에도 멋스러움을 느낄 수 있는 고급 요리들입니다. 북경요리의 특징은 추운 지방음식으로 기름기가 많은 고칼로리식입니다. 대표적인 요리들로는 유명한 베이징덕(북경오리구이)과 해삼조림, 돈육자장볶음 등이 있습니다.

❷ 사천요리 :

사천은 중국 내륙에 위치한 쓰촨성, 후난성, 구이저우성 등지를 말합니다. 이 지역은 날씨가

좋지 않아 음식에 기후색이 담겨져 있다는 것이 하나의 특징입니다. 그러니까 부패를 막기위해 소금에 절인다거나 향신료를 많이 넣는다거나 하는 것이 그것입니다. 때문에 맵고 짠 음식이 많아 기본적으로 고추가루, 후추가루, 파, 마늘 등이 많이 들어 갑니다. 그렇기 때문에 다른 지역의 음식에 비해 상대적으로 덜 느끼하다는 특징이 있습니다. 사천요리 중 대표적인 것들로는 마파두부, 닭고기조림, 삼선누룽지탕, 두반어가 있습니다.

❸ 광동요리 :

중국 동남부 지역의 요리로 중국요리의 대명사격에 해당합니다. 중국 음식의 대표주자답게 다양한 요리재료와 서구문물을 접목시켜 발전시킨 이국적인 요리들을 자랑하고 있습니다. 광동요리는 서양의 각종 소스와 케첩 등을 가미해 전혀 색다른 맛을 경험하게 해주는데 대표적인 요리로는 광동탕수육, 팔보채, 상어지느러미요리 등이 있습니다.

❹ 산동요리 :

황하강 유역을 중심으로 발달한 요리로 황해를 접하고 있어 다양한 수산물을 재료로 씁니다. 게나 새우로 만든 요리들이 많고 특히 푸릉칭셰와 같은 요리는 세계적으로 유명합니다. 생선요리를 좋아하시는 분이라면 산동요리를 권하고 싶습니다.

중국의 차(茶)!

중국차를 최고로 치는 데는 유규한 역사만큼이나 깊고 짙은 맛과 향에 있습니다. 중국차에 대해 간단히 알아 볼까요?

❶ 용정차 :

용정차는(룽징차)는 항저우 룽징에서 생산되는 중국 청나라 때 황실을 위한 특별한 차를 말합니다.

❷ 군산은침차 :

군산은침차(군쥔인쩐차) 역시 황제를 위해 만들었다는 차로 향기가 맑으며, 맛이 달고 부드러운 특징을 가지고 있습니다.

❸ 무이차 :

귀한 차로 국빈 대접용 차로 알려져 있는 무이차는 마시면 장수한다는 차입니다. 워낙 귀한 차로 상당히 고가에 팔리고 있으며, 구하기도 쉽지 않은 차입니다.

❹ 오룡차 :

우롱차라고 부르며, 우리나라에도 잘 알려진 차로 반쯤 발효시킨 차입니다. 우롱차 중에서 가장 최고로 취급되는 것은 우이산수(武夷山水)라고 표시되어 있습니다.

7. 쇼핑용 회화!

❶ 쇼핑 요령!

쇼핑은 미리 목록을 작성해서 하는 것이 좋습니다. 산지와 상점가의 위치도 미리 조사해 두도록 합니다. 구매물품에 대한 정보, 그러니까 차는 어느 지역, 어느 점포에서 사는 것이 좋고 싸다든지, 어디서 사야 진품을 구할 수 있는지를 정보자료를 통해 미리 조사하도록 합니다.

중국에서 쇼핑할 때 특히 주의해야 할 점은 물건값입니다. 같은 물건의 가격이 심할 경우 옆집하고도 차이가 날 정도로 가격이 '엉망'입니다. 백화점에서 조차도 깎으면 '하염없이' 내려가는 것이 중국의 물건값입니다. 때문에 첫째도 깎고, 둘째도 깎는 것이 쇼핑 노하우입니다. 더욱이 외국인 손님에게는 '바가지'로 한 몫 보려는 상인들로 보통은 200% 이상 가격을 붙여 말합니다. 중국 상품은 70~80%를 깎아서 사더라도 안심할 수 없는 것이 사실입니다.

그리고 중국은 그야말로 복제품 천지입니다. 꼼꼼히 따져서 사지 않으면 백화점 상품대에서도 가짜를 사올 수 있습니다. 상품들도 조악한 것이 많아 한 눈에 가짜임을 알 수 있는 것들이 많습니다. 조금만 주의를 기울인다면 실수를 줄일 수 있습니다.

❷ 중국의 화폐!

중국의 화폐는 인민폐라고 하며 단위는 위안(元)입니다. 화폐의 체계는 위안(元) 〉 지아오(角) 〉 펀(分)으로 되어 있습니다. 1위안이면 10지아오가 되고, 펀으로는 100펀이 됩니다. 화폐는 100元, 50元, 10元, 5元, 2元, 1元, 그리고 5角, 2角, 1角 짜리가 있으며, 5分, 2分, 1分이 있습니다. 동전은 모두 여섯 종류로 1元, 5角, 1角, 5分, 2分, 1分 등입니다.

❸ 대표적인 쇼핑품목

중국에서 쇼핑해 오는 품목 중 대부분에 해당하는 것은
차, 공예품, 골동품, 한방약재 등입니
다. 그중 중국차는 대부분의 여행객들
이 사는 필수품목! 그리고 다음으로
인기있는 한방약재로는 우황청심환
(고혈압, 중풍), 봉왕정(로얄젤리), 편
자황 등이 베스트 품목입니다. 그리고
서예에 필요한 도구, 그러니까 붓, 벼
루, 먹, 한지 등이 선호하는 선물품목
으로 자리잡고 있습니다. 그밖에 도자
기, 칠보자기, 수예품, 자수품 등도 값
이 비싸지 않아 많이 사오는 품목들
입니다.

✚ 중국의 화폐단위!

1위안(元) > 10지아오(角) > 100펀(分)
1지아오(角) > 10펀(分)

✚ 중국의 도량형!

쇼핑에 필요한 중국의 기본 도량형입니다.

1Kg : 1궁진(公斤)
1근(500g) : 1진(斤)
1g : 1커(克)
1Km : 1궁리(公里)
1m : 1미(米)

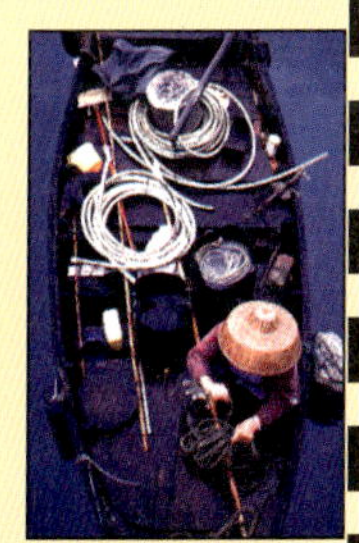

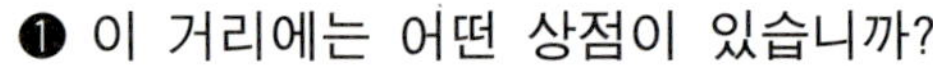

① 쇼핑하는 법! 1.

❶ 이 거리에는 어떤 상점이 있습니까?

❷ 그냥 구경만 해도 될까요?

❸ 이것과 같은 것이 있습니까?

❹ 저것 좀 보여 주세요.

❺ 이건 어디에 쓰는 것인가요?

❻ 이것은 남성용입니까?

❼ 좀 더 좋은 것은 없습니까?

街上 (찌에 상) : 거리
商店 (쌍 띠앤) : 상점
只是 (즈 쓰) : 그냥

7

❶ 这条街上有什么商店?
쩌 티아오 찌에 상 요우 선 머 쌍 띠앤

❷ 只是看一看可以吗?
즈 쓰 칸 이 칸 커 이 마

❸ 有跟这个一样的吗?
요우 껀 쩌 거 이 양 더 마

❹ 请给我看那个。
칭 게이 워 칸 나 거

❺ 这个有什么用?
쩌 거 요우 선 머 용

❻ 这个是男人用的。
쩌 거 쓰 난 런 용 더

❼ 没有更好的吗?
메이 요우 껑 하오 더 마

앗! 단어장!

这个 (쩌 거) : 이것
那个 (나 거) : 저것
男人用 (난 런 용) : 남성용

❽ 옷을 입어봐도 될까요?

❾ 신발을 신어봐도 될까요?

❿ 좀 더 큰 것은 없습니까?

⓫ 영업시간은 몇 시부터 몇 시까지입니까?

⓬ 이거 더 작은 것 있습니까?

⓭ 다른 색상은 없나요?

⓮ 어떤 색상이 저에게 더 잘 어울려 보이나요?

앗! 단어장!

衣服 (이 푸) : 옷

鞋 (시에) : 신발

大一点儿的 (따 이 디얼 더) : 좀 더 큰 것

7

⑧ 穿衣服可以吗?
추안 이 푸 커 이 마

⑨ 穿鞋可以吗?
추안 시에 커 이 마

⑩ 没有大一点儿的吗?
메이 요우 따 이 디얼 더 마

⑪ 从几点到几点营业?
총 지 디앤 따오 지 디앤 잉 이에

⑫ 有比这个小一点儿的吗?
요우 비 쩌 거 시아오 이 디얼 더 마

⑬ 没有别的颜色吗?
메이 요우 비에 더 이앤 써 마

⑭ 你看, 什么颜色很适合我吗?
니 칸 선 머 이앤 써 헌 쓰 허 워 마

几点 (지 디앤) : 몇 시
颜色 (이앤 써) : 색상
适合 (쓰 허) : 어울리다

앗! 단어장!

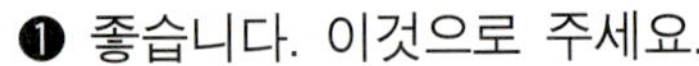

❸ 물건값을 낼 때!

❶ 좋습니다. 이것으로 주세요.

❷ 전부 합해서 얼마입니까?

❸ 너무 비쌉니다.

❹ 보다 싼 것은 없습니까?

❺ 조금만 더 싸게 해 주시겠어요?

❻ 여기는 정찰제입니다.

❼ 현금으로 지불할게요.

好的 (하오 더) : 좋습니다

一共 (이 꽁) : 전부

贵 (꾸이) : 비싸다

앗! 단어장!

7

❶ 好的。我要这个。
하오 더 워 야오 쩌 거

❷ 一共多少钱?
이 꽁 뚜오 사오 치앤

❸ 太贵。
타이 꾸이

❹ 没有便宜一点儿的吗?
메이 요우 피앤 이 이 디얼 더 마

❺ 再便宜一点儿吧。
짜이 피앤 이 이 디얼 바

❻ 这里是不二价。
쩌 리 쓰 부 얼 찌아

❼ 用现金付钱。
용 씨앤 찐 푸 치앤

便宜 (피앤 이) : 싸다

再 (짜이) : 더

不二价 (부 얼 찌아) : 정찰가격

앗! 단어장!

❶ 실례합니다.

❷ 화장품은 어디에 있습니까?

❸ 장갑은 어디에서 삽니까?

❹ 이 두 개의 차이점이 뭔가요?

❺ 이것 두 개의 가격은 얼마입니까?

❻ 이것은 40원이고, 저것은 30원입니다.

❼ 이 제품 흰색으로 있습니까?

❽ 탈의실은 어디입니까?

❾ 다른 것을 보여주실 수 있습니까?

❶ 对不起。
뚜이 부 치

❷ 化粧品再哪儿?
후아 쭈앙 핀 짜이 나알

❸ 手套在哪儿买?
소우 타오 짜이 나알 마이

❹ 这两个有什么区别?
쩌 리앙 거 요우 선 머 취 비에

❺ 这两个多少钱?
쩌 리앙 거 뚜오 사오 치앤

❻ 这个四十块钱, 那个三十块钱。
쩌 거 쓰 스 콰이 치앤 나 거 싼 스 콰이 치앤

❼ 这个物品有白色的吗?
쩌 거 우 핀 요우 바이 써 더 마

❽ 试衣室在哪儿?
쓰 이 쓰 짜이 나알

❾ 给我看一下别的可以吗?
게이 워 칸 이 씨아 비에 더 커 이 마

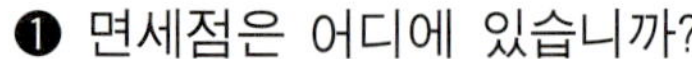

❶ 면세점은 어디에 있습니까?

❷ 브랜디를 사고 싶습니다.

❸ 담배 한 보루 주세요.

❹ 여권을 보여 주십시오.

❺ 어떤 상표를 원하십니까?

❻ 이것으로 주세요.

❼ 이것과 저것을 하나씩 주십시오.

免税店 (미앤 쑤이 띠앤) : 면세점

白兰地 (바이 란 띠) : 브랜디

香烟 (씨앙 이앤) : 담배

❶ 免税店在哪儿?
미앤 쑤이 띠앤 짜이 나알

❷ 我想买白兰地。
워 시앙 마이 바이 란 띠

❸ 来一条香烟。
라이 이 티아오 씨앙 이앤

❹ 给我看一下护照。
게이 워 칸 이 씨아 후 짜오

❺ 你要什么牌子?
니 야오 선 머 파이 즈

❻ 我要这个。
워 야오 쩌 거

❼ 来这一个和那一个。
라이 쩌 이 거 허 나 이 거

护照 (후 짜오) : 여권

牌子 (파이 즈) : 상표

一个 (이 거) : 하나

앗! 단어장!

❶ 기념품점은 어디에 있습니까?

❷ 무엇을 찾으십니까?

❸ 부모님께 드릴 선물을 원합니다.

❹ 이 도시의 특산품은 무엇입니까?

❺ 진열대에 있는 것을 보여 주세요.

❻ 포장을 해주십니까?

❼ 한국으로 부쳐주실 수 있습니까?

纪念品 (찌 니앤 핀) : 기념품

什么 (선 머) : 무엇

礼物 (리 우) : 선물

7

❶ 纪念品服务部在哪儿?
찌 니앤 펀 푸 우 뿌 짜이 나알

❷ 你要什么?
니 야오 선 머

❸ 要送父母的礼物。
야 쏭 푸 무 더 리 우

❹ 这城市的特产是什么?
쩌 청 쓰 더 터 찬 쓰 선 머

❺ 给我看一下陈列柜上的。
게이 워 칸 이 씨아 천 리에 꾸이 상 더

❻ 包装可以吗?
빠오 쭈앙 커이 마

❼ 寄到韩国可以吗?
찌 따오 한 구오 커 이 마

特产 (터 찬) : 특산품

包装 (빠오 쭈앙) : 포장

韩国 (한 구오) : 한국

앗! 단어장!

7 슈퍼마켓 쇼핑!

❶ 실례합니다. 커피를 사려고 합니다.

❷ 어디에 있는지 말씀해 주십시오.

❸ 커피는 어디에 있습니까?

❹ 그 물건은 품절입니다.

❺ (쇼핑)백에 넣어주십시오.

❻ 종이 백을 드릴까요, 비닐 백을 드릴까요?

❼ 배달도 가능합니까?

咖啡 (카 페이) : 커피
哪儿 (나알) : 어디
卖光 (마이 꾸앙) : 품절

7

❶ 请问, 我想买咖啡。
칭 원 워 시앙 마이 카 페이

❷ 请告诉我在哪儿。
칭 까오 수 워 짜이 나알

❸ 咖啡在哪儿?
카 페이 짜이 나알

❹ 那个卖光了。
나 거 마이 꾸앙 러

❺ 我要购物袋。
워 야오 꼬우 우 따이

❻ 你要纸袋还是要塑料袋?
니 야오 즈 따이 하이 스 야오 쑤 리아오 따이

❼ 送到我家可以吗?
쏭 따오 워 찌아 커 이 마

购物袋 (꼬우 우 따이) : (쇼핑)백

纸袋 (즈 따이) : 종이 백

塑料袋 (쑤 리아오 따이) : 비닐 백

앗! 단어장!

영업중	营业中	잉 이에 쫑
폐점	关门	꾸안 먼
백화점	商场	쌍 창
세일	大减价	따 지앤 찌아
가격표	价目牌	찌아 무 파이
견본	式样	쓰 양
교환	交换	찌아오 후안
설명서	说明书	쑤오 밍 쑤
선물	礼物	리 우
포장하다	包装	빠오 쭈앙
여행자수표	旅行支票	뤼 싱 즈 피아오
기념품점	纪念品服务部	찌 니앤 닌 푸 우 부

8. 우편, 전화, 은행!

1) 우체국!

 **❶ 우체국의 이용!**

여행중에 고국으로 보내는 엽서나 편지는 남다른 기쁨을 줍니다. 호텔에 숙박 중이라면 방에 비치되어 있는 편지지와 봉투를 이용해서 호텔프론트에 맡기면 됩니다. (후불정산) 그리고 우표가 있다면 직접 호텔 내에 비치된 우편함에 넣거나 시내의 우체국을 이용하도록 합니다. 중국에서 쇼핑한 물건이 많거나 선물이 많다면 우체국에서 직접 소포로 보내는 것도 좋습니다. 중국에서 우편물을 어떻게 보낼 지에 대해 알아 보도록 하겠습니다.

❷ 우편물 보내기!

중국 우체국의 우편업무 시간은 09:00~17:00으로 연중 무휴입니다. 그러니까 일요일에도 우편물을 보낼 수 있다는 얘기입니다. 국제 우편 요금은 기본이 10g에 3元이며, 엽서는 1.6元입니다.

소포의 경우는 우체국에 가서 보내게 되는데 운송방법에 따라 세 종류가 있습니다. 가장 빠른 EMS(国际特快传处邮件)는 서울까지 2~3일 정도 소요되며, 항공편(航空信 항콩씬)은 4~5일, 그리고 선편(船邮 추안요우)은 25~30일 정도 소요됩니다. 가격은 모두 무게에 따라 다르지만 EMS가 제일 비싸고 선편이 가장 쌉니다.

편지나 소포를 보낼 때 받는 사람의 주소는 한글로 써도 되며, 단 국가명만은 우측 제일 하단에 **SOUTH KOREA** 라고 써주어야 합니다.

2) 국제전화!

❶ 국제전화 걸기!

중국에서 한국으로 국제전화를 걸려면 일단 대도시나 호텔이어야 가능합니다. 지방도시에서의 국제전화는 쉽지 않음을 참고하십시오. 그리고 중국 국내의 전화카드는 액면가보다 비쌀 뿐만 아니라 그 지방에서만 쓸 수 있는 것과 전국 공용 두 종류가 있습니다. 국제전화카드는 국내의 외국환을 취급하는 은행에서 구하실 수 있습니다.

다음은 중국에서 한국으로 국제전화하는 방법들입니다.

ⓐ 호텔에서 전화하는 방법 :

먼저 외선통화 번호(0또는 9번)를 누른 후 **108-828**번을 누릅니다. 안내방송을 들은 후 0번을 누릅니다. 한국인 안내원이 나오면 상대방 전화번호를 말해주고 기다리면 통화가 됩니다. 통화료를 상대방이 부담하게 하는 수신자부담제를 요청하면 통화료가 한국 쪽에서 지불됩니다.

ⓑ 공중전화로 통화하는 법 :

공중전화로 국제전화를 걸 경우는 동전이나 카드를 먼저 넣은 후 (서울 929-2882로 전화를 건다고 할 때) **00-82-2-929-2882**를 누르면 됩니다. 이 때 00은 국제식별코드(**international access code**)이며, 82는 한국의 코드번호(**country code**), 2는 서울의 지역번호, 그리고 전화번호 929-2882가 됩니다. 외국에서 한국으로 전화할 때는 지역번호 앞의 0은 빼고 전화합니다.

❷ 중국의 국내 전화!

공중전화를 이용해서 중국 내에 전화를 할 때는 카드전화기나 동전(1元) 전화기가 있기는 하지만, 아직 공중전화가 제대로 보급되어 있지 않은 지방의 소도시에서는 전화통화를 먼저 한 후 전화를 관리하는 관리인에게 요금을 지불하도록 되어 있습니다. 불편할 뿐더러 의사 소통에도 문제가 있어서 가급적이면 호텔의 객실전화나 로비의 공중전화를 이용하는 것이 여러모로 편리할 것입니다. 시내통화의 경우 객실에서 할 경우 요금은 보통 1元입니다.

✚ 주요 전화 번호!

구급차	☎ 120
경찰	☎ 110
국제전화 신청	☎ 115
국내 장거리 전화	☎ 113
전화번호 안내	☎ 114
주중한국대사관	☎ (010) 6505-3171
한국무역진흥공사	☎ (010) 6505-2324
대한항공	☎ (010) 6505-1047
아시아나항공	☎ (010) 6506-5227
외환은행(베이징)	☎ (010) 6518-3101

3) 은행의 이용!

❶ 현지에서의 환전!

중국에서는 한국돈을 바꿀 수 없습니다. 그래서 달러나 중국 위안화로 미리 한국에서 바꾸어 가야 합니다. 중국에서의 환전은 공항이나 호텔의 환전소 또는 시중에 있는 은행에서 하도록 합니다. 암달러 거래상이 많아서 시장통이나 호텔 뒷골목, 유흥가에서도 환전할 수 있으나, 위험하고 중간중간에 소액권을 섞어 돈을 엉터리로 바꾸어 주는 사례가 많습니다. 그리고 이럴 경우 환전해

8

가는 사람들을 대상으로 한 범죄가 심해서 각별히 주의를 요하고 있습니다. 시내에서의 환전은 믿을 수 있는 은행을 이용하는 것이 좋습니다.

❷ 신용카드

신용카드에 대한 제도적 기술적 준비가 되어 있지 않아 중국에서의 신용카드 사용은 많은 제한을 받습니다. 호텔이나 대형백화점이 아니고서는 신용카드 거래가 용이하지 않은 것이 사실입니다. 뿐만 아니라 중국인 스스로도 신용카드의 사용을 원하지 않아 무조건 현금을 요구하는 경우가 아주 많습니다.

✚ 중국의 국경일

중국의 기념일에 대한 정보입니다!

춘절(음력 1월 1~3일) 春节(춘지예)

국경절(10월 1~2일) 国庆节 (꿔칭지예)

부녀절(3월 8일) 妇女节 (푸뉘지예)

노동절(5월 1일) 劳动节 (라오뚱지예)

✚ 중국 은행 : 영업시간 월~금 08~17시 토 08~11:30

❶ 우체국은 어디 있습니까?

❷ 우체통은 어디 있습니까?

❸ 편지를 한국에 항공편으로 보내려 합니다.

❹ 이 엽서를 한국으로 보내고 싶습니다.

❺ 항공편으로 부치면 얼마나 걸립니까?

❻ 얼마짜리 우표를 붙입니까?

❼ 우편요금은 얼마입니까?

❽ 이 편지를 등기로 보내고 싶습니다.

❾ 이것을 속달로 보내주세요.

8

❶ 邮局在哪儿?
요우 쥐 짜이 나알

❷ 邮筒在哪儿?
요우 통 짜이 나알

❸ 我想到韩国寄航空信。
워 시앙 따오 한 구어 찌 항 콩 씬

❹ 我想到韩国寄这张明信片。
워 시앙 따오 한 구오 찌 쩌 짱 밍 씬 피앤

❺ 寄航空信需要多长时间?
찌 항 콩 씬 쉬 야오 뚜오 창 스 지앤

❻ 贴多少钱的邮票?
티에 뚜오 사오 치앤 더 요우 피아오

❼ 邮费多少钱?
요우 페이 뚜오 사오 치앤

❽ 我想寄挂号。
워 시앙 찌 꾸아 하오

❾ 我想寄快信。
워 시앙 찌 콰이 씬

❶ 이 소포를 보내고 싶습니다.

❷ 소포용 상자가 있습니까?

❸ 소포용으로 포장해 주세요.

❹ 이 소포를 선편으로 부치려 합니다.

❺ 소포 12개를 서울로 보내고 싶습니다.

❻ 소포를 보험에 드시겠습니까?

❼ 소포에 '취급주의'라고 표시해 주십시오.

包裹 (빠오 구오) : 소포
箱子 (씨앙 즈) : 상자
包裝 (빠오 쭈앙) : 포장

8

❶ 我想寄包裹。
워 시앙 찌 빠오 구오

❷ 有包裹箱子吗?
요우 빠오 구오 씨앙 즈 마

❸ 请包装寄包裹的。
칭 빠오 쭈앙 찌 빠오 구오 더

❹ 这个包裹要寄船邮。
쩌 거 빠오 구오 야오 찌 추안 요우

❺ 想把十二个包裹到首尔去。
시앙 바 스 얼 거 빠오 구오 따오 서 울 취

❻ 这个包裹要上保险吗?
쩌 거 빠오 구오 야오 쌍 바오 시앤 마

❼ 请写'注意处理'。
칭 시에 쭈 의 추 리

汉城 (한 청) : 서울

保险 (바오 시앤) : 보험

注意处理 (쭈 의 추 리) : 취급주의

앗! 단어장!

❸ 공중전화 걸기!

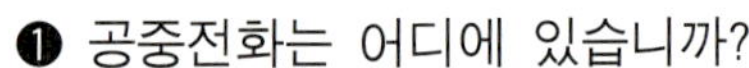

❶ 공중전화는 어디에 있습니까?

❷ 이 전화로 국제전화를 걸 수 있습니까?

❸ 이 전화를 어떻게 겁니까?

❹ 한국의 국가번호를 가르쳐주시겠습니까?

❺ 이 번호로 어떻게 전화합니까?

❻ 도서관 전화는 몇 번입니까?

❼ 거기 541-9978번이 아닌가요?

公用电话 (꽁 용 띠앤 후아) : 공중전화
国际电话 (구오 찌 띠앤 후아) : 국제전화
怎么 (전 머) : 어떻게

❶ 公用电话在哪儿?
꽁 용 띠앤 후아 짜이 나알

❷ 这个电话可以打国际电话吗?
쩌 거 띠앤 후아 커 이 다 구오 찌 띠앤 후아 마

❸ 这个电话怎么打?
쩌 거 띠앤 후아 전 머 다

❹ 韩国的国家代号是多少?
한 구오 더 구오 찌아 따이 하오 쓰 뚜오 사오

❺ 这个电话号码怎么打?
쩌 거 디앤 후아 하오 마 전 머 다

❻ 图书馆的电话号码是多少?
투 쑤 구안 더 띠앤 후아 하오 마 쓰 뚜오 사오

❼ 您是五四一九九七八吗?
닌 쓰 우 쓰 야오 지우 지우 치 빠 마

国家代号 (구오 찌아 따이 하오) : 국가번호
号码 (하오 마) : 번호
图书馆 (투 쑤 구안) : 도서관

앗! 단어장!

❶ 여보세요. 거기가 123-4567입니까?

❷ 전화거신 분은 누구십니까?

❸ 저는 김명철이라고 합니다.

❹ 내선 351번 부탁합니다.

❺ 김민주 씨 좀 바꿔 주시겠어요?

❻ 미안합니다. 잘못 걸었습니다.

❼ 그는 지금 외출중입니다.

❽ 언제쯤 돌아옵니까?

❾ 나중에 다시 전화 하겠습니다.

❶ 喂，您是一二三四五六七吗?
웨이 닌 쓰 야오 얼 싼 쓰 우 리우 치 마

❷ 您是哪位?
닌 쓰 나 웨이

❸ 我叫金明哲。
워 찌아오 찐 밍 저

❹ 请转三五一号。
칭 주안 싼 우 야오 하오

❺ 请转金民朱先生。
칭 주안 찐 민 쭈 씨앤 성

❻ 对不起，打错了。
뚜이 부 치 타 추오 러

❼ 他现在出去了。
타 씨앤 짜이 추 취 러

❽ 什么时候回来?
선 머 스 호우 후이 라이

❾ 以后再打。
이 호우 짜이 다

❶ 교환입니다. 무엇을 도와드릴까요?

❷ 한국의 서울로 국제통화를 하고 싶습니다.

❸ 잠깐만 기다리세요.

❹ 지금 국제전화 교환원을 연결해 드리겠습니다.

❺ 한국의 서울로 직접 전화할 수 있습니까?

❻ 한국으로 국제전화를 걸고 싶습니다.

❼ 수신자부담으로 해주세요.

❽ 요금은 여기서 지불하겠습니다.

❾ 번호를 알려주시겠습니까?

❶ 话务员。要什么?
후아 우 위앤 야오 선 머

❷ 我想到韩国首尔打国际电话。
워 시앙 따오 한 구오 서 울 다 구오 찌 띠앤 후아

❸ 等一下。
덩 이 씨아

❹ 现在联系国际台的话务员。
씨앤 짜이 리앤 씨 구오 찌 타이 더 후아 우 위앤

❺ 我能到韩国首尔直拨吗?
워 넝 따오 한 구오 서 울 즈 뽀 마

❻ 我想到韩国打国际电话。
워 시앙 따오 한 구오 다 구오 찌 띠앤 후아

❼ 请让对方付钱。
칭 랑 뚜이 팡 푸 치앤

❽ 电话费我来付。
띠앤 후아 페이 워 라이 푸

❾ 请告诉我电话号码。
칭 까오 수 워 띠앤 후아 하오 마

❿ 전화번호는 82-2-513-7612입니다.

⓫ 성함과 번호를 말씀해 주십시오.

⓬ 제 이름은 김민수입니다.

⓭ 전화번호는 923-5079입니다.

⓮ 김미진 양과 통화하고 싶습니다.

⓯ 전화를 받는 사람은 아무라도 상관없습니다.

⓰ 신청하신 곳이 나왔습니다. 말씀하십시오.

电话号码 (띠앤 후아 하오 마) : 전화번호

名字 (밍 쯔) : 성함

号码 (하오 마) : 번호

❿ 电话号码是八二二五一三七六一二。
띠앤 후아 하오 마 쓰 빠얼얼우야오싼치리우야오얼

⓫ 请告诉我你的名字和号码。
칭 까오 수 워 니 더 밍 쯔 허 하오 마

⓬ 我的名字叫金敏秀。
워 더 밍 쯔 찌아오 찐 민 씨우

⓭ 电话号码是九二三五〇七九。
띠앤 후아 하오 마 쓰 지우 얼 싼 우 링 치 지우

⓮ 请找金美真小姐说话。
칭 자오 찐 메이 쩐 시아오 지에 쑤오 후아

⓯ 谁接电话都可以。
쉐이 찌에 띠앤 후아 또우 커 이

⓰ 接通了, 请讲。
찌에 통 러 칭 지앙

小姐 (시아오 지에) : 아가씨

接电话 (찌에 띠앤 후아) : 전화받다

请讲 (칭 지앙) : 말씀하십시오

앗! 단어장!

❶ 여보세요, 교환이죠?

❷ 한국으로 장거리전화를 부탁합니다.

❸ 콜렉트콜로 서울의 이은숙 양을 부탁합니다.

❹ 전화번호는 서울의 919-2828번 입니다.

❺ 선생님의 성함과 룸넘버를 말씀해 주세요.

❻ 저의 이름은 김민수이며, 303호실입니다.

❼ 끊지말고 잠시 기다려 주세요.

❽ 상대방이 나왔습니다. 말씀하세요.

8

❶ 喂, 总机吗?
웨이 쫑 지 마

❷ 我想到韩国寄长途电话。
워 시앙 따오 한 구오 찌 창 투 띠앤 후아

❸ 我想到韩国李恩淑小姐打对方付钱的电话。
워 시앙 따오 한 구오 리 언 쑤 시아오 지에
다 뚜이 팡 푸 치앤 더 띠앤 후아

❹ 电话号码是首尔的九一九二八二八。
띠앤 후아 하오 마 쓰 서 울 더 지우야오지우얼빠얼빠

❺ 请告诉我您的名字和房间号码。
칭 까오 수 워 닌 더 밍 쯔 허 팡 찌앤 하오 마

❻ 我叫金民守, 房间号码是三零三号。
워 찌아오 찐 민 소우 팡 찌앤 하오 마 쓰 싼링싼하오

❼ 不要挂上电话, 请等一下。
부 야오 꾸아 상 띠앤 후아 칭 덩 이 씨아

❽ 接通了, 请讲。
찌에 통 러 칭 지앙

빠르게 찾고 쉽게 말하는 여행회화! 여러분의 여행을 보다 즐겁고 편안하게 만들어 드립니다!!

➡ 우편 관련 단어표현

우체국	邮局	요우 쥐
우편엽서	明信片	밍 씬 피앤
편지지	信纸	씬 즈
봉투	信封	씬 펑
발신인	寄信人	찌 씬 런
수신인	收信人	쏘우 씬 런
주소	地址	띠 즈
우체통	邮筒	요우 통
항공봉함 편지	国际航空邮件	구오 찌 항 콩 요우 찌앤
등기우편	挂号信	꾸아 하오 씬
속달	快信	콰이 씬
우표	邮票	요우 피아오
선편	船邮	추안 요우
항공우편	航空信	항 콩 씬
소포	包裹	빠오 구오
취급주의	注意处理	쭈 이 추 리

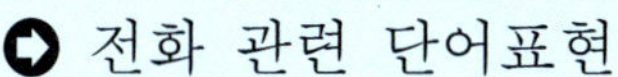

8

🔜 전화 관련 단어표현

공중전화	公用电话	꽁 용 띠앤 후아
전화박스	公用电话亭	꽁 용 띠앤 후아 팅
수화기	听筒	팅 퉁
전화번호	电话号码	띠앤 후아 하오 마
다이얼 판	拨号盘	뽀 하오 판
구내전화선	区内电话	취 네이 띠앤 후아
휴대전화	手机	소우 찌
긴급전화	紧急电话	진 지 띠앤 후아
시내통화	市内电话	쓰 네이 띠앤 후아
장거리통화	长途电话	창 투 띠앤 후아
국제전화	国际电话	구오 찌 띠앤 후아
교환원	话务员	후아 우 위앤
국가번호	国家代号	구오 찌아 따이 하오
지역번호	区域号码	취 위 하오 마
콜렉트콜	对方付钱	두이 팡 푸 치앤
지명통화	叫人电话	찌아오 런 띠앤 후아

❶ 여행자수표를 현금으로 바꾸고 싶습니다.

❷ 얼마나 현금으로 바꾸시겠습니까?

❸ 여권 좀 보여주시겠습니까?

❹ 네, 여기 여행자 수표도 있습니다.

❺ 수표마다 서명해주시겠어요?

❻ 얼마짜리 지폐로 드릴까요?

❼ 100원 짜리 다섯 장으로 주세요.

旅行支票 (뤼 싱 쯔 피아오) : 여행자수표
換 (후안) : 바꾸다
現金 (씨앤 찐) : 현금

❶ 我想把旅行支票换成人民币。
워 시앙 바 뤼 싱 쯔 피아오 후안 청 런 민 삐

❷ 换成现金多少?
후안 청 씨앤 찐 뚜오 사오

❸ 给我看一下护照可以吗?
게이 워 칸 이 씨아 후 짜오 커 이 마

❹ 好, 这儿还有旅行支票。
하오 쩔 하이 요우 뤼 싱 쯔 피아오

❺ 每张支票该签名字吗?
메이 짱 쯔 피아오 까이 치앤 밍 쯔 마

❻ 你要多少钱的钞票?
니 야오 뚜오 사오 치앤 더 차오 피아오

❼ 请给我五张一百块钱的。
칭 게이 워 우 짱 이 바이 콰이 치앤 더

护照 (후 짜오) : 여권
签名 (치앤 밍) : 서명
钞票 (차오 피아오) : 지폐

앗! 단어장!

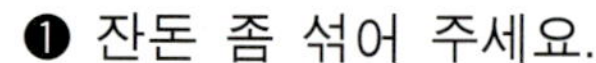

❶ 잔돈 좀 섞어 주세요.

❷ 달러를 인민폐로 좀 바꾸려고 합니다.

❸ 얼마 바꾸시길 원하세요?

❹ 500불입니다.

❺ 잔돈으로 바꿀 수 있을까요?

❻ 어떻게 바꿔드릴까요?

❼ 100원 짜리 9장, 10원짜리 10개로 주십시오.

❽ 모두 동전으로 바꾸어 주세요.

❾ 500원을 달러로 교환해 주세요.

❶ 请加一些零钱。
칭 찌아 이 씨에 링 치앤

❷ 我想把美元换成人民币。
워 시앙 바 메이 위앤 후안 청 런 민 삐

❸ 你要换多少?
니 야오 후안 뚜오 사오

❹ 五百美元。
우 바이 메이 위앤

❺ 能不能换成零钱?
넝 뿌 넝 후안 청 링 치앤

❻ 你要怎么换?
니 야오 전 머 후안

❼ 换给我九张一百块钱的和十张十块钱的。
후안 게이 워 지우 짱 이 바이 콰이 치앤 더
허 스 짱 스 콰이 치앤 더

❽ 全都换成硬币。
취앤 또우 후안 청 잉 삐

❾ 把五百块钱换成美元。
바 우 바이 콰이 치앤 후안 청 메이 위앤

환전소	兑换处	뚜이 후안 추
환전율	牌价	파이 찌아
잔돈	零钱	링 치앤
지폐	钞票	차오 피아오
동전	硬币	잉 삐
여행자수표	旅行支票	뤼 싱 쯔 피아오
서명	签名	치앤 밍
바꾸다	换	후안
달러	美元	메이 위앤
유로	欧元	오우 위앤
파운드	英镑	잉 빵

9. 교통수단!

대체적으로 중국의 교통상황은 좋지 못합니다. 특히 도시에서 도시로 이동하는 경우라면 불편함과 장시간 소요되는 비효율 때문에 대중교통을 이용하기란 그리 만족스럽지 못합니다. 중국의 교통수단에 대해 간단하게 정리해 보도록 하겠습니다.

❶ 항공편의 이용!

빠른 것으로 치면 단연 으뜸이지만 여행객에게는 적지않은 부담이 될 것입니다. 중국 국내 항공사는 20여개로 베이징을 중심으로 20곳 이상의 지방 도시로 연결되어 있습니다. 요금은 외국인은 중국인보다 150~200% 정도로 비싸게 받고 있습니다. 그밖에도 중국 항공기의 연발착은 유명한 수

준이라 비행기 마저도 중요한 약속시간을 보장해 주지 못합니다. 항공권의 구입은 호텔이나 여행사에서 대행해 주며 대행요금은 100~200元 정도입니다. 신청서를 작성해서 주면 항공권을 준비해 주는 방식입니다. 대행사를 통하지 않고 개인이 표를 구입하기는 쉽지 않습니다.

공항에서 체크인을 할 때는 특히 화물에 붙이는 수하물인환표를 공항직원이 정확히 붙이는지를 반드시 확인해야 합니다. 간혹 제대로 붙이지 않거나 안 붙여서 짐이 다른 곳으로 가거나 유실되는 경우가 잦습니다.

❷ 철도의 이용!

중국에서 그래도 가장 이용할 만한 대중교통은 철도입니다. 중국의 철도에 대해 알아 보겠습니다.

중국 열차(火车 : 후오처)의 종류는 장거리가 특쾌(特快)와 직쾌(直快), 중, 단거리는 쾌객(快客)과 보객(普客)이 있습니다. 특쾌(特快)는 특급열차로 주요 대도시를 고속으로 운행하는 열차입니다. 직쾌(直快)는 장거리 운행용으로 식당차와 침대칸을 운행하며, 쾌객(快客)은 주로 주간에 운송을 하는 좌석 중심의 열차입니다. 보객(普客)은 완행열차로 모든 간이역에 정차하는 열차입니다.

열차표의 예매 : 국경일이나 연휴, 방학, 휴가철에는 미리 예매 예약을 해야하며, 개인이 직접 사기보다는 수수료를 더 내고 여행사에 대행을 요청하는 것이 좋습니다.

역에는 외국인 전용창구가 있긴 하지만 중국의 기차역은 매우 혼잡스럽고 절차 또한 매우 번거롭습니다. 외국인 전용창구에서 사는 열차표는 중국인의 요금에 3~4배에 달합니다.

✚ 중국 열차의 이용 방법

ⓐ 기차를 이용할 때는 역사에 도착해서 개찰구를 찾습니다. 중국의 철도역사는 크고 복잡해서 초행길의 여행자에게는 찾기가 쉽지 않음을 상기해야 합니다. 때문에 역에는 통상 1~2시간 전에 도착하는 것이 좋습니다.

ⓑ 개찰 후 열차에 오르면 좌석번호를 찾아 앉습니다. 중국의 기차는 의자의 종류에 따라 기차가 구분된다고 해도 과언이 아닙니다. 가장 좋은 좌석은 침대 형태의 연와(롼워)로 4인 1실 형태로 되어 있습니다. 다음은 경와(잉워)로 딱딱한 침대 형태의 좌석이 있습니다. 그리고 의자 형태의 좌석은 연좌(롼쭤)와 경좌(잉쭤)가 있는데 마찬가지로 연좌가 편한 자리입니다. 경좌는 다소 불편한 좌석과 열차칸임을 참고해 주십시오.

ⓒ 침대칸 이용자에게는 여객승무원이 번호표를 나누어 줍니다. 해당 번호를 찾아 앉아야 하며, 이 번호표는 요금을 지불했다는 영수증에 해당하는 것으로 내릴 때 반드시 다시 내야 합니다.(없을 경우 요금을 재청구함!)

ⓓ 기차를 놓쳤을 경우엔 2시간 이내에 별도의 절차 없이 다음 열차를 이용하면 됩니다. 만약 시간이 더 이상 경과 된다면 표는 사용할 수 없게 됩니다.

# 교통수단의 이용!

❸ 버스의 이용!

중국의 버스(公共汽车 : 꽁꽁치처)는 철도가 연결되어 있지 않는 먼 지역을 운행하는 '장거리버스'(長途汽车 : 창투치처)와 시내와 근거리를 운행하는 '근교버스'(近郊汽车 : 찐찌아오치처), 그리고 관광용버스에 해당하는 '여유버스'(旅游汽车 : 뤼요우치처)가 있습니다.

ⓐ **버스티켓의 구매 :** 시내버스는 버스 안에서 직접 구입을 하고 장거리 버스표는 터미널에서 예약을 해야 합니다. 좌석의 형태에 따라 일반좌석용 표와 침대좌석용 표로 나뉘며, 외국 관광객들이 이용하는 침대석은 값도 비쌀 뿐더러 빨리 매진되기 때문에 미리 예약을 하지 않으면 구매가 어렵습니다. 반면 일반 좌석용 표는 중국사람들이 이용하는 것으로 다소 불편하고 비위생적이나, 가격은 저렴합니다.

ⓑ **장거리버스의 이용 :** 장거리버스의 짐은 보통 버스의 지붕위에 실게 되어 있습니다. 때문에 크기와 갯수에 따라 요금이 추가됩니다. 이는 버스표와 별도로 출발 전에 지불하게 되어 있습니다. 짐을 따로 실기 때문에 안전과 유실에 대비해야 하며, 자주 쓰는 물건은 작은 가방에 따로 챙겨야 합니다.

ⓑ **관광버스의 이용 :** 중국의 관광버스는 '여유버스'(旅游汽车 : 뤼요우치처)라고 합니다. 보통은 여행사나 호텔측에서 제공하기도 하지만 도시간을 운행하는 공영 관광버스들도 많이 있습니다. 요금에는 관광지 입장료가 포함되어 있지 않기 때문에 매번 요금을 따로 지불해야 합니다.

❹ 중국의 지하철

중국의 지하철(地铁 : 띠티에)은 베이징, 텐진, 상하이, 광저우에서만 현재 운행되고 있습니다. 특히 베이징 시내 주요 관광지를 경유하는 베이징의 환상선은 관광객들이 많이 이용하는 지하철 노선입니다. 요금은 베이징 시내 전구간이 3元으로 정해져 있는 단일요금 체제입니다.

✚ 자전거가 왕!

중국 교통 수단의 핵은 단연 자전거(自行车 : 쯔싱처)입니다. 출퇴근수단용으로, 근거리 이동수단으로, 그리고 화물의 운반용으로까지 쓰이는 자전거는 중국의 교통에 있어 빼 놓을 수 없는 주요수단입니다. 때문에 곳곳에는 자전거 판매점, 수리점, 대여점 등 자전거 관련 산업이 성황을 이루고 있습니다. 특히 자전거대여점(出租自行车)은 관광객들도 자전거를 이용할 수 있기 때문에 독자 여러분께 권해 드리고 싶습니다. 대여료는 보통 1시간에 1元 정도이며, 자전거를 빌릴 때 보증금이나 여권을 요구하는 데 이 경우 가급적이면 보증금을 내는 것이 좋습니다. 다. 여권의 신상 정보 도용이나 분실 등 위험의 소지가 있기 때문입니다.

❶ 열차시각표를 주십시오.

❷ 좌석을 예약해야 합니까?

❸ 급행이 있습니까?

❹ 기차를 갈아 타야합니까?

❺ 왕복표로 주십시오.

❻ 텐진행 (기차) 타는 플랫폼이 어디입니까?

❼ 이 기차가 서안행입니까?

❽ 어느 열차를 타야합니까?

❾ 몇 번 플랫폼입니까?

❶ 给我列车时刻表。
게이 워 리에 처 스 커 비아오

❷ 该预订座位吗?
까이 위 띵 쭈오 웨이 마

❸ 有快车吗?
요우 콰이 처 마

❹ 该换火车吗?
까이 후안 후오 처 마

❺ 来往返票。
라이 왕 판 피아오

❻ 去天津的站台在哪儿?
취 티앤 찐 더 짠 타이 짜이 나알

❼ 这车去西安吗?
쩌 처 취 씨 안 마

❽ 该坐哪车?
까이 쭈오 나 처

❾ 几号站台?
지 하오 짠 타이

❿ 어디에서 갈아탑니까?

⓫ 침대칸이 있습니까?

⓬ 기차에서 식사할 수 있습니까?

⓭ 이 열차는 북경까지 직행합니까?

⓮ 이 열차는 상해에서 정차합니까?

⓯ 여기서 몇 분간 정차합니까?

⓰ 다음 열차는 몇 시에 있습니까?

软卧 (루안 워) : 침대칸
火车 (후오 처) : 기차
北京 (베이 찡) : 북경

9

⑩ 在哪儿换车?
짜이 나알 후안 처

⑪ 有软卧吗?
요우 루안 워 마

⑫ 火车上可以吃饭吗?
후오 처 상 커 이 츠 판 마

⑬ 这次火车是去北京的直快吗?
쩌 츠 후오 처 쓰 취 베이 찡 더 즈 콰이 마

⑭ 这次火车在上海停吗?
쩌 츠 후오 처 짜이 쌍 하이 팅 마

⑮ 在这儿停车几分钟?
짜이 쩔 팅 처 지 펀 쫑

⑯ 下一次火车几点开?
씨아 이 츠 후오 처 지 디앤 카이

上海 (쌍 하이) : 상해

停车 (팅 처) : 정차

几点 (지 디앤) : 몇 시

앗! 단어장!

❶ 부근에 버스정류장은 어디입니까?

❷ 천안문 가는 버스 정류장은 어디입니까?

❸ 천단공원 가는 버스입니까?

❹ 버스 노선표 한 장 주세요.

❺ 버스 안에서 차표를 살 수 있습니까?

❻ 북경대학교까지 표 누 장 주세요.

❼ 북경동물원행 버스는 언제 출발합니까?

公共汽车站 (꽁 꽁 치 처 짠) : 버스정류장
天安门 (티앤 안 먼) : 천안문
天坛公园 (티앤 탄 꽁 위앤) : 천단공원

9

❶ 附近有公共汽车站吗?
푸 찐 요우 꽁 꽁 치 처 짠 마

❷ 去天安门的公共汽车站在哪儿?
취 티앤 안 먼 더 꽁 꽁 치 처 짠 짜이 나알

❸ 这路车去天坛公园吗?
쩌 루 처 취 티앤 탄 꽁 위앤 마

❹ 给我一张路线图。
게이 워 이 짱 루 씨앤 투

❺ 公共汽车上还可以买票吗?
꽁 꽁 치 처 상 하이 커 이 마이 피아오 마

❻ 给我两张去北京大学的票。
게이 워 리앙 짱 취 베이 찡 따 쉬에 더 피아오

❼ 去北京动物园的公共汽车几点出发?
취 베이 찡 똥 우 위앤 더 꽁 꽁 치 처 지 디앤 추 파

路线图 (루 씨앤 투) : 노선표

票 (피아오) : 차표

两张 (리앙 짱) : 두 장

앗! 단어장!

❽ 이 버스 만리장성에 갑니까?

❾ 다음 버스는 몇 시에 옵니까?

❿ 몇 시간 걸립니까?

⓫ 어디에서 갈아타야 합니까?

⓬ 여기는 택시 정류장입니까?

⓭ 여기가 제가 내려야할 곳인가요?

⓮ 여기서 내려 주십시오.

⓯ 다음 정거장에서 내리겠습니다.

⓰ 그곳에 도착하면, 저에게 좀 알려주세요.

9

⑧ 这路公共汽车去长城吗?
쩌 루 꽁 꽁 치 처 취 창 청 마

⑨ 下一班车几点来?
씨아 이 빤 처 지 디앤 라이

⑩ 要多长时间?
야오 뚜오 창 스 찌앤

⑪ 在哪儿换车?
짜이 나알 후안 처

⑫ 这里是出租车站吗?
쩌 리 쓰 추 쭈 처 짠 마

⑬ 这里是我该下车的吗?
쩌 리 쓰 워 까이 씨아 처 더 마

⑭ 在这儿下车。
짜이 쩔 씨아 처

⑮ 下一站下车。
씨아 이 짠 씨아 처

⑯ 到了站, 请叫我一下。
따오 러 짠 칭 찌아오 워 이 씨아

❶ 배로 가고 싶습니다.

❷ 1등선실을 예약하고 싶습니다.

❸ 대련까지 가는 배는 어디서 탑니까?

❹ 승선시간은 몇 시 입니까?

❺ 언제 출항합니까?

❻ 몇 시간 길립니까?

❼ 뱃멀미가 좀 납니다.

船 (추안) : 배

头等舱 (토우 덩 창) : 1등선실

上船 (쌍 추안) : 승선

앗! 단어장!

9

❶ 我想坐船去。
워 시앙 쭈오 추안 취

❷ 我想预订头等舱的票。
워 시앙 위 띵 토우 덩 창 더 피아오

❸ 到大连的船在哪儿上?
따오 따 리앤 더 추안 짜이 나알 쌍

❹ 几点上船?
지 디앤 쌍 추안

❺ 几点起锚?
지 디앤 치 마오

❻ 坐几个小时?
쭈오 지 거 시아오 스

❼ 我有一点儿晕船。
워 요우 이 디얼 윈 추안

起锚 (치 마오) : 출항

几个小时 (지 거 시아오 스) : 몇 시간

晕船 (윈 추안) : 뱃멀미

앗! 단어장!

❶ 이 근처에 지하철역이 있습니까?

❷ 가장 가까운 역은 어디입니까?

❸ 어디에서 표를 삽니까?

❹ 지하철 노선표 한 장 주십시오.

❺ 고궁박물원은 지하철로 어떻게 갑니까?

❻ 북경 도서관은 어니에서 갈아탑니까?

❼ 지하철 표 한 장 주십시오.

❽ 천단 공원은 어디에서 내립니까?

❾ 천안문에 가려면 몇 번 출구로 나가야
   합니까?

9

❶ 附近有地铁站吗?
푸 찐 요우 띠 티에 짠 마

❷ 离这儿最近的地铁站在哪儿?
리 쩔 쭈이 찐 더 띠 티에 짠 짜이 나알

❸ 在哪儿买票?
짜이 나알 마이 피아오

❹ 给我一张地铁路线图。
게이 워 이 짱 띠 티에 루 씨앤 투

❺ 去故宫, 坐地铁怎么走?
취 꾸 꽁 주오 띠 티에 전 머 조우

❻ 北京图书馆在哪儿倒车?
베이 찡 투 수 구안 짜이 나알 다오 처

❼ 给我一张地铁票。
게이 워 이 짱 띠 티에 피아오

❽ 天坛公园在哪儿下车?
티앤 탄 꽁 위앤 짜이 나알 씨아 처

❾ 去天安门从几号出口出去? 丛
취 티앤 안 먼 콩 지 하오 추 코우 추 취

7 택시의 이용!

❶ 택시 승차장은 어디입니까?

❷ (메모를 보이면서) 이 주소로 가 주십시오.

❸ 북경호텔로 가주세요.

❹ 박물관까지 요금이 얼마정도 나옵니까?

❺ 거기까지 가는 데 얼마나 걸립니까?

❻ 빨리 좀 가 주세요. 좀 늦었는데요.

❼ 오른쪽으로 돌아주세요.

❽ 여기서 세워주세요.

❾ 요금은 얼마입니까?

9

❶ 出租车站在哪儿?
추 쭈 처 짠 짜이 나알

❷ 请到这个地址。
칭 따오 쩌 거 띠 즈

❸ 请到北京饭店。
칭 따오 베이 찡 판 띠앤

❹ 到博物院要多少钱?
따오 보 우‚ 위앤 야오 뚜오 사오 치앤

❺ 到那儿要多长时间?
따오 날 야오 뚜오 창 스 찌앤

❻ 请开快一点儿。 有点儿晚。
칭 카이 콰이 이 디얼 요우 디얼 만

❼ 向右拐。
씨앙 요우 과이

❽ 在这儿停下来。
짜이 쩔 팅 씨아 라이

❾ 多少钱?
뚜오 사오 치앤

8 렌터카의 이용!

❶ 렌터카는 어디에서 빌립니까?

❷ 차를 빌리고 싶습니다.

❸ 어떤 차종이 있습니까?

❹ 이 차를 하루 쓰고 싶습니다.

❺ 요금표를 보여 주십시오.

❻ 하루에 얼미입니까?

❼ 보험에 들고 싶습니다.

❽ 보증금은 얼마입니까?

❾ 사고가 나면 어디에 연락합니까?

9

① 在哪儿租汽车?
짜이 나알 쭈 치 처

② 我想租一辆汽车。
워 시앙 쭈 이 리앙 치 처

③ 有什么车型?
요우 선 머 처 싱

④ 我想用一天。
워 시앙 용 이 티앤

⑤ 给我看一下价目表。
게이 워 칸 이 씨아 찌아 무 비아오

⑥ 一天要多少钱?
이 티앤 야오 뚜오 사오 치앤

⑦ 我想上保险。
워 시앙 쌍 바오 시앤

⑧ 押金多少钱?
이야 찐 뚜오 사오 치앤

⑨ 出事的时候到哪儿联络?
추 쓰 더 스 호우 따오 나알 리앤 루오

❾ 주유소의 이용!

❶ 주유소는 어디 있습니까?

❷ 기름을 넣어 주십시오.

❸ 고급휘발유로 넣어 주세요.

❹ 100원 어치를 넣어주세요.

❺ 오일을 점검해 주십시오.

❻ 기름을 채워 주시고 오일을 섬검해 주세요.

❼ 가득 채워주세요.

❽ 보통 휘발유 50원 어치 넣어주세요.

❾ 이곳은 본인이 직접 주유하는 곳인가요?

❶ 加油站在哪儿?
찌아 요우 짠 짜이 나알

❷ 给汽车加油。
게이 치 처 찌아 요우

❸ 请装高级汽油。
칭 쭈앙 까오 지 치 요우

❹ 加一百块钱的油。
찌아 이 바이 콰이 치앤 더 요우

❺ 检查一下机油。
지앤 차 이 씨아 찌 요우

❻ 加油以后检查一下机油。
찌아 요우 이 호우 지앤 차 이 씨아 찌 요우

❼ 请装满。
칭 쭈앙 만

❽ 给汽车装五十块钱的一般汽油。
게이 치 처 쭈앙 우 스 콰이 치앤 더 이 빤 치 요우

❾ 这里是司机亲自加油的吗?
쩌 리 쓰 쓰 찌 친 쯔 찌아 요우 더 마

➡ 철도여행 관련 단어표현

기차역	火车站	후오 처 짠
열차	火车	후오 처
편도기차표	单程票	딴 청 피아오
왕복기차표	往返票	왕 판 피아오
1등석	软座	루안 쭈오
2등석	硬座	잉 쭈오
1등 침대차	软卧	루안 워
2등 침대차	硬卧	잉 워
좌석	座位	쭈오 웨이
보통열차	慢车	만 처
급행열차	快车	콰이 처
특급열차	特快	터 콰이

➡ 버스여행 관련 단어표현

| 시외버스터미널 | 长途汽车站 | 창 투 치 처 짠 |

버스정류장	公共汽车站	꽁 꽁 치 처 짠
시내버스	公共汽车	꽁 꽁 치 처
관광버스	旅游班车	뤼 요우 빤 처
장거리버스	长途汽车	창 투 치 처
정차	停车	팅 처

◘ 선박여행 관련 단어표현

항구	港口	강 코우
여객선	客轮	커 룬
부두	码头	마 토우
정박하다	停泊	팅 보
정박지	锚地	마오 띠
승선표	船票	추안 피아오
선실	船舱	추안 창
의무실	医务所	이 우 수오
구명부낭	救生圈	찌우 썽 취앤

| 구명동의 | 救生衣 | 찌우 썽 이 |
| 구명보트 | 救生艇 | 찌우 썽 팅 |

➡ 지하철 관련 단어표현

입구	入口	루 코우
출구	出口	추 코우
플랫홈	站台	짠 타이
개찰구	剪票口	지앤 피아오 코우

➡ 택시 관련 단어표현

택시승차장	出租车站	추 쭈 처 짠
택시	出租车	추 쭈 처
택시기사	司机	쓰 찌
택시요금	车费	처 페이
미터계	计程机	찌 청 찌

| 거스름돈 | 零钱 | 링 치앤 |
| 화물요금 | 货物费 | 후오 우 페이 |

➡ 렌터카 관련 단어표현

보증금	押金	이아 찐
임대료	租赁费	쭈 린 페이
계약서	合同书	허 통 쑤
주유소	加油站	찌아 요우 짠
가솔린	汽油	치 요우
가득 채움	装满	쭈앙 만
교통지도	交通图	찌아오 통 투
고속도로	高速公路	까오 쑤 꽁 루
직행도로	直达车道	즈 다 처 따오
주차장	停车场	팅 처 창
일방통행	直行	즈 싱
추월금지	禁止超车	찐 즈 차오 처
통행금지	禁止通行	찐 즈 통 싱

주차금지	禁止停车	찐 즈 팅 처
교통사고	车祸	처 후오
공사중	施工	쓰 꽁
서행	慢行	만 씽
안전벨트	安全带	안 취앤 따이
십자교차로	十字交叉路	스 쯔 찌아오 차 루
T형교차로	T型交叉路	티 싱 찌아오 차 루
자동차사고보험	车祸保险	처 후오 바오 시앤
운전면허증	驾驶执照	찌아 스 즈 짜오
국제면허증	国际驾驶执照	구오 찌 찌아 스 즈 짜오

10. 관광하기!

❶ 관광안내소 정보!

기본적인 여행안내 정보는 공항이나 호텔, 버스터미널 등의 여행 안내소나 가판대를 통해 얻을 수 있습니다. 아직 관광객에 대한 서비스 의식이 낮아 잘 만들어진 브로셔나 자세한 안내 전단은 기대할 수 없으며, 관광 가이드나 별도의 정보 자료를 간단히 메모해 가는 것이 좋습니다. 호텔에 묵을 경우라면 로비나 프론트에 마련된 관광자료를 챙기는 것도 좋습니다.

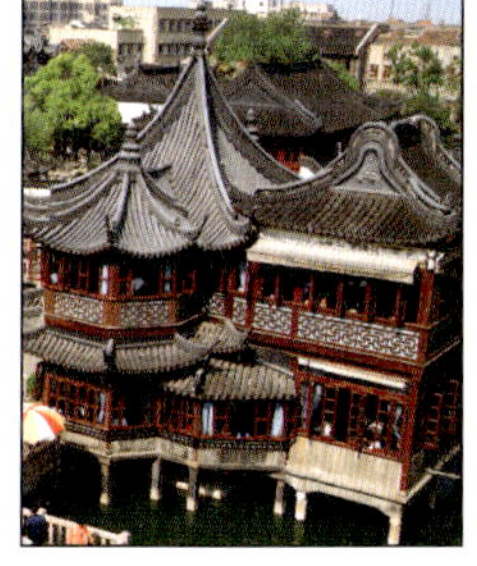

❷ 북경의 관광명소!

중국의 수도 북경은 역대 왕조의 수도답게 유구한 역사와 찬란한 문화유산을 자랑합니다. 북경은 학술과 문화의 중심지로 너무나도 많은 볼거리를 가지고 있습니다. 그 중에서 최고를 꼽는다면 다음의 장소들입니다.

ⓐ **천안문** (天安门 티엔안먼)

웅장하고 화려함을 뽐내는 중국의 얼굴 천안문은 청(清)

나라 시대 황성의 정문이었습니다. 천안문 성루는 1988년 1월 1일부터 정식으로 관광객에게 개방되었으며, 개장시간은 매일 9:00~16:30이며, 입장료는 15元입니다. 입장시에 가방은 보관소에 맡겨야 합니다.

ⓑ **자금성** (紫禁城 쯔진청)

금빛 찬란한 자금성은 명나라 영락(永樂) 4~18년

(1406~1420)에 세워진 황궁으로 크게 외조(外朝)와 내정(内廷)으로 이루어져 있습니다. 외조는 황제가 권력을 행사하고 성대한 의식을 거행하던 곳이며, 내정은 황제의 거처입니다. 자금성은 현재 가장 원형보존이 잘되어 있는 건축물이기도 합니다.

ⓒ 만리장성 (万里长城 완리창청)

가히 세계 최고의 건축물이라고 할 수 있는 만리장성은 북경 서북쪽 약 80km에 있는 팔달령에서 관람을 시작할 수 있습니다. 북방의 오랑캐를 막기 위해 높이 쌓기 시작한 만리장성의 총 연장 길이는 약 6,400㎞이며, 주(周)대 이래 명(明)대를 걸쳐 완성되었습니다. 성벽의 높이는 8.5m에 달하고, 윗부분의 너비는 마차가 양쪽으로 지나갈 수 있을 만큼으로 5.7m에 이르는 곳도 있습니다..

ⓓ 이화원 (颐和园 이허앤)

인공 산과 호수의 아름다움, 이화원. 이화원은 청나라 때 황실의 여름별장으로 북경 시내에서 서북쪽으로 16km 떨어진 곳에 있습니다. 이곳은 곤명호(昆明湖)와 만수산(万寿山)이 특히 유명한데, 곤명호는 인공호수로 이화원 총 면적의 3/4을 차지할 정도로 큰 호수입니다. 만수산은 곤명호에서 파낸 흙을 쌓아 만든 인공산으로 엄청난 위용을 자랑합니다.

북경에는 이밖에도 신비로운 명십삼릉(明十三陵), 북해공원(北海公园) 그리고 라마교 유람 승지인 옹화궁(雍和宫) 등이 있습니다.

 **❸ 중국의 공연예술**

낮시간이 '관광' 이라면 저녁시간은 '관람' 입니다. 중국에서 관람할 수 있는 공연예술들에 대해 간단히 알아보겠습니다.

ⓐ **경극** (京劇)

경극은 중국을 대표하는 공연예술입니다. 청나라 건륭황제 때부터 융성하게 되었으며, 최초에는 안후이 지방에서 발생, 유행하게 되었습니다. 공연의 내용은 삼국지, 서유기, 수호지 등 중국의 고전을 극화한 것입니다. 화려한 분장과 의상, 무예에 가까운 몸동작과 춤은 현란하기까지 합니다.

경극은 대사를 이해하기 보다는 배우들의 몸짓과 표정을 통해 이야기의 흐름을 파악하는 것이 더욱 쉽습니다. 상연은 시내의 상설 공연장이나 호텔의 극장식 식당에서도 연중 공연이 이루어 집니다. 시내 공연장의 경우는 티켓대행사에서 입장권을 구하거나 직접 공연장 창구에서 살 수 있습니다.

ⓑ 서커스 (杂技)

서커스는 중국어로 '자찌'라고 합니다. 곡마, 마술, 기예, 동물묘기, 아크로바트 등으로 이루어진 중국의 서커스는 인간의 한계를 넘어서 예술의 경지에 이른다는 평가를 받고 있습니다. 유명공연단으로는 북경잡기단(北京杂技团)과 상해잡기단(上海杂技团) 등이 있으며, 관람료는 5~50元입니다. 공연시간은 1시간에서 1시간 30분 정도 소요됩니다.

✚ 촬영시의 주의!

중국에서 사진을 촬영할 때는 특별히 주의가 필요합니다. 사진을 찍기 전엔 반드시 '촬영을 허락한다는 팻말' 등을 먼저 확인해야 하며, 미술관, 박물관 그리고 사원 등지에서는 사진촬영이 금지되어 있습니다.

군사시설이나 사건현장에서 직무중인 경찰이나 이동 중인 군인들을 찍어서도 안 됩니다. 관광지역 이외에서의 시설물이나 백화점, 상점 매장의 촬영은 제재를 받을 수도 있습니다.

거리나 시장의 사람들도 사진을 찍으면 돈을 요구하는 사람도 있기 때문에 미리 허락을 받지 않으면 곤란한 상황으로 이어질 수도 있습니다.

분쟁이 생기면 중국의 공안(경찰)과 공무원은 기본적으로 중국인 편이고, 언어소통이 쉽지 않은 외국인 관광객은 일방적으로 피해를 겪기 때문에 주의해야 합니다.

① 관광의 시작!

❶ 관광안내소는 어디 있습니까?

❷ 여행안내서를 주십시오.

❸ 놀기 좋은 곳을 말씀해 주세요.

❹ 북경시내지도도 있습니까?

❺ 어디에서 출발합니까?

❻ 한 사람에 얼마입니까?

❼ 하루에 얼마입니까?

❽ 유람선 타는 곳은 어디입니까?

❾ 야간 관광이 있습니까?

❶ 旅游问询处在哪儿?
뤼 요우 원 쉰 추 짜이 나알

❷ 请给我一本介绍手册。
칭 게이 워 이 번 찌에 사오 소우 처

❸ 请介绍一下好玩儿的地方。
칭 찌에 사오 이 씨아 하오 왈 더 띠 팡

❹ 有北京市内地图吗?
요우 베이 찡 쓰 네이 띠 투 마

❺ 在哪儿出发?
짜이 나알 추 파

❻ 一个人要多少钱?
이 거 런 야오 뚜오 사오 치앤

❼ 一天要多少钱?
이 티앤 야오 뚜오 사오 치앤

❽ 在哪儿乘游船?
짜이 나알 청 요우 추안

❾ 有晚上的旅游吗?
요우 완 쌍 더 뤼 요우 마

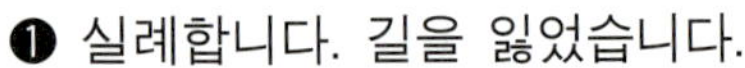

❶ 실례합니다. 길을 잃었습니다.

❷ 여기가 어디입니까?

❸ 여기가 무슨 거리입니까?

❹ 어느 쪽이 북쪽입니까?

❺ 지도상으로 제가 어디에 있는 건가요?

❻ 지하철역에는 어떻게 가야 하나요?

❼ 한국대사관이 어디 있는지 아십니까?

❽ 그곳까지 걸어갈 수 있나요?

❾ 가장 가까운 화장실은 어디에 있습니까?

❶ 请问，我迷路了。
칭 원 워 미 루 러

❷ 这儿是什么地方?
쩔 쓰 선 머 띠 팡

❸ 这条路叫什么路?
쩌 티아오 루 찌아오 썬 머 루

❹ 哪儿是向北?
나알 쓰 씨앙 베이

❺ 地图上我在哪儿?
띠 투 상 워 짜이 나알

❻ 到地铁站怎么走?
따오 띠 티에 짠 전 머 조우

❼ 你知道韩国大使馆在哪儿吗?
니 쯔 다오 한 구오 따 스 구안 짜이 나알 마

❽ 能到那个地方走着去吗?
넝 따오 나 거 띠 팡 조우 저 취 마

❾ 离这儿最近的洗手间在哪儿?
리 쩔 쭈이 찐 더 시 소우 찌앤 짜이 나알

❿ 여기서 얼마나 멉니까?

⓫ 얼마나 걸릴까요?

⓬ 북경 호텔은 여기서 멉니까?

⓭ 어떻게 가야 합니까?

⓮ 저는 이곳이 초행입니다.

⓯ 여기에 약도를 그려 주십시오.

⓰ 그곳은 버스로 갈 수 있습니까?

⓱ 지금 제가 있는 곳을 지도에 표시해 주세요.

⓲ 감사합니다. 그쪽으로 가보겠습니다.

⑩ 离这儿多远?
리 쩔 뚜오 위앤

⑪ 要多长时间?
야오 뚜오 창 스 찌앤

⑫ 到北京饭店离这儿远吗?
따오 베이 찡 판 띠앤 리 쩔 위앤 마

⑬ 怎么走?
전 머 조우

⑭ 我是第一次到这儿来的。
워 쓰 띠 이 츠 따오 쩔 라이 더

⑮ 请在这儿画个略图。
칭 짜이 쩔 후아 거 뤼에 투

⑯ 那个地方能坐公共汽车去吗?
나 거 띠 팡 넝 쭈오 꽁 꽁 치 처 취 마

⑰ 请在地图上表示我的位置。
칭 짜이 띠 투 상 비아오 쓰 워 더 웨이 즈

⑱ 谢谢。 我马上就去那儿。
씨에 시에 워 마 쌍 찌우 취 날

❶ 사진 좀 찍어주세요.

❷ 이 셔터를 누르시기만 하면 돼요.

❸ 됐습니다. 찍으세요.

❹ 그럼 찍습니다.

❺ 한 장 더 부탁합니다.

❻ 여기서 사진을 찍어도 됩니까?

❼ 함께 사진을 찍을 수 있을까요?

快门 (콰이 먼) : 셔터
好了 (하오 러) : 됐습니다
那 (나) : 그럼

10

❶ 请给我按一下快门。
칭 게이 워 안 이 씨아 콰이 먼

❷ 只要按一下快门就好了。
즈 야오 안 이 씨아 콰이 먼 찌우 하오 러

❸ 好了。 给我拍一张照。
하오 러 게이 워 파이 이 짱 짜오

❹ 那照了啊。
나 짜오 러

❺ 请再拍一张。
칭 짜이 파이 이 짱

❻ 这儿可以照相吗？
쩔 커 이 짜오 씨앙 마

❼ 我们一块儿照相好吗？
워 먼 이 쿠알 짜오 씨앙 하오 마

拍 (파이) : 사진찍다

照相 (짜오 씨앙) : 사진

一块儿 (이 쿠알) : 함께

앗! 단어장!

● 관광 관련 단어표현

관광	观光	꾸안 꾸앙
명승지	名胜古迹	밍 썽 구 찌
박람회	博览会	보 란 후이
박물관	博物馆	보 우 구안
화랑	画廊	후아 랑
전시장	陈列场	천 리에 창
수족관	水族馆	수이 주 구안
동물원	动物园	똥 우 위앤
식물원	植物园	즈 우 위앤
교외	郊外	찌아오 우아이
시내	市内	쓰 네이
공원	公园	꽁 위앤
유원지	游园地	요우 위앤 띠
축제	庆祝活动	칭 쭈 후오 똥
행사	活动	후오 똥
연중행사	年中活动	니앤 쭝 후오 똥
특별행사	特别活动	터 비에 후오 똥

➡️ 사진 관련 단어표현

현상하다	冲洗	총 시
컬러필름	彩卷	차이 쥐앤
슬라이드 필름	幻灯片	후안 떵 피앤
건전지	干电池	깐 띠앤 츠
사진촬영 금지	禁止拍照	찐 즈 파이 짜오
프래쉬 금지	禁止闪光灯	찐 즈 산 꾸앙 떵
흑백필름	黑白软片	헤이 바이 루안 피앤

➡️ 시내관광 관련 단어표현

이쪽	这边	쩌 삐앤
저쪽	那边	나 삐앤
앞쪽	前边	치앤 삐앤
뒤쪽	后边	호우 삐앤
옆쪽	旁边	팡 삐앤
안쪽	里边	리 삐앤
바깥쪽	外边	와이 삐앤
오른쪽	右边	요우 삐앤

왼쪽	左边	주오 삐앤
곧장	一直	이 즈
도로	马路	마 루
보도	步道	뿌 따오
횡단보도	人行横道	런 싱 헝 따오
사거리	十字路口	스 쯔 루 코우
구획	街区	찌에 취
버스정류장	公共汽车站	꽁 꽁 치 처 짠
택시승차장	出租车站	추 쭈 처 짠
지하철역	地铁站	띠 티에 짠
기차역	火车站	후오 처 짠
시장	市场	쓰 창
상가	商业街	쌍 이에 찌에
광장	广场	구앙 창
공원	公园	꽁 위앤
시내중심가	中心街	쭝 씬 찌에

● 각종 주의 안내 표현!

주의!	注意	쭈 이
위험!	危险	웨이 시앤
경고!	警告	징 까오
안내	介绍	찌에 싸오
계단이용!	请用台阶	칭 용 타이 찌에
고장!	故障	꾸 짱
접근금지!	禁止接近	찐 즈 찌에 찐
통행금지!	禁止通行	찐 즈 통 싱
영업중	营业中	잉 이에 쫑
폐점	关门	꾸안 먼
미시오!	推	투이
당기시오!	拉	라
입구	入口	루 코우
출구	出口	추 코우
비상구	安全门	안 취앤 먼
화장실	洗手间	시 소우 찌앤
공중변소	公共厕所	꽁 꽁 처 수오
남자용	男厕	난 처
여자용	女厕	뉘 처

❶ 몇 시 표가 있습니까?

❷ 입장료는 얼마입니까?

❸ 일반표 (학생) 2장 주세요.

❹ 가장 싼 좌석으로 2장 주십시오.

❺ 오늘 좌석이 아직 있습니까?

❻ 영화관은 어디에 있습니까?

❼ 경극을 보고 싶습니다.

❽ 영화는 어디서 상영합니까?

❾ 지금은 무슨 공연을 하고 있습니까?

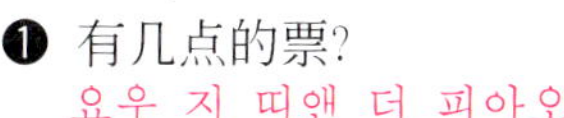

❶ 有几点的票?
요우 지 띠앤 더 피아오

❷ 票价是多少钱?
피아오 찌아 쓰 뚜오 사오 치앤

❸ 给我两张(学生的)票。
게이 워 리앙 짱 (쉬에 성 더) 피아오

❹ 给我两张最便宜的票。
게이 워 리앙 짱 쭈이 피앤 이 더 피아오

❺ 今天还有票吗?
찐 티앤 하이 요우 피아오 마

❻ 电影院在哪儿?
띠앤 잉 위앤 짜이 나알

❼ 我想看京剧。
워 시앙 칸 찡 쥐

❽ 电影在哪儿上演?
띠앤 잉 짜이 나알 쌍 이앤

❾ 正在上什么演?
쩡 짜이 쌍 선 머 이앤

❿ 지금 인기있는 공연은 무엇입니까?

⓫ 출연진은 누구입니까?

⓬ 며칠까지 상연합니까?

⓭ 입구는 어디입니까?

⓮ 공연은 몇 시에 시작합니까?

⓯ 몇 시에 끝납니까?

⓰ 팜플렛이 있습니까?

几号 (지 하오) : 며칠
入口 (루 코우) : 입구
几点 (지 디앤) : 몇 시

❿ 现在最有名的演出是什么？
씨앤 짜이 쭈이 요우 밍 더 이앤 추 쓰 선 머

⓫ 谁演的?
수이 이앤 더

⓬ 演到几号?
이앤 따오 지 하오

⓭ 入口在哪儿?
루 코우 짜이 나알

⓮ 几点开始?
지 디앤 카이 스

⓯ 几点结束?
지 디앤 지에 쑤

⓰ 有节目单吗?
요우 지에 무 딴 마

开始 (카이 스) : 시작
结束 (지에 쑤) : 끝나다
节目单 (지에 무 딴) : 팜플렛

앗! 단어장!

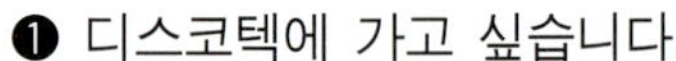

⑦ 나이트 클럽!

❶ 디스코텍에 가고 싶습니다.

❷ 근처에 디스코텍이 있습니까?

❸ 몇 시에 엽니까?

❹ 입장료는 얼마입니까?

❺ 입장료가 포함된 것입니까?

❻ 음료수 값은 별도입니까?

❼ 저와 춤추시겠습니까?

迪斯克舞厅 (디 쓰 커 우 팅) : 디스코텍
附近 (푸 찐) : 근처
门票 (먼 피아오) : 입장료

앗! 단어장!

230

❶ 我想去迪斯克舞厅。
워 시앙 취 디 쓰 커 우 팅

❷ 附近有迪斯克舞厅吗?
푸 찐 요우 디 쓰 커 우 팅 마

❸ 几点开门?
지 디앤 카이 먼

❹ 门票是多少钱?
먼 피아오 쓰 뚜오 사오 치앤

❺ 包括门票吗?
빠오 쿠오 먼 피아오 마

❻ 不包括饮料费吗?
부 빠오 쿠오 인 리아오 페이 마

❼ 一起跳舞好吗?
이 치 티아오 우 하오 마

包括 (빠오 쿠오) : 포함

饮料 (인 리아오) : 음료수

跳舞 (티아오 우) : 춤추다

앗! 단어장!

❶ 어떤 운동을 좋아하십니까?

❷ 야구를 제일 좋아합니다.

❸ 저는 중국 농구팀의 열렬한 팬입니다.

❹ 내 취미는 수영입니다.

❺ 배구 시합을 보고 싶습니다.

❻ 누구와 누구의 시합이 펼쳐집니까?

❼ 낚시하러 가고 싶습니다.

❽ 골프 클럽에 들고 싶습니다.

❾ 말을 타고 싶습니다.

❶ 你喜欢什么运动?
니 씨 후안 선 머 윈 뚱

❷ 我最喜欢棒球。
워 쭈이 씨 후안 빵 치우

❸ 我是热爱中国篮球队的。
워 쓰 러 아이 쫑 구오 란 치우 뚜이 더

❹ 我的爱好是游泳。
워 더 아이 하오 쓰 요우 용

❺ 我想看排球比赛。
워 시앙 칸 파이 치우 비 싸이

❻ 谁跟谁比赛?
수이 껀 수이 비 싸이

❼ 我想去钓鱼。
워 시앙 취 띠아오 위

❽ 我想参加高尔夫俱乐部。
워 시앙 찬 찌아 까오 얼 푸 쮜 러 뿌

❾ 我想骑马。
워 시앙 치 마

➡ **공연예술 관련 단어표현**

음악회	音乐会	인 위에 후이
음악당	音乐厅	인 위에 팅
연극	话剧	후아 쮜
뮤지컬	音乐歌剧	인 위에 꺼 쮜
오페라	歌剧	꺼 쮜
영화	电影	띠앤 잉
영화관	电影院	띠앤 잉 위앤
극장	剧场	쮜 창
야외극장	露天剧场	루 티앤 쮜 창

➡ **공연예매 관련 단어표현**

예매권	预订票	위 띵 피아오
어른	大人	따 런
어린이	儿童	얼 통
학생	学生	쉬에 성

별실	雅座	이아 쭈오
만원	满座	만 쭈오
공연	上演	쌍 이앤
휴식시간	休息时间	씨우 시 스 찌앤

➡ 스포츠 관련 단어표현

축구	足球	주 치우
야구	棒球	빵 치우
수영	游泳	요우 용
수영장	游泳池	요우 용 츠
테니스	网球	왕 치우
테니스 코트	网球场	왕 치우 창
캠핑	野营	이에 잉
등산	登山	떵 싼
낚시	钓鱼	띠아오 위
보트	小船	시아오 추안
스키	滑雪	후아 쉬에

스케이트	滑水	후아 삥
싸이클링	自行车运动	
	쯔 싱 처 윈 똥	
자전거 대여	出借 自行车	
	추 찌에 쯔 싱 처	
골프	高尔夫球	
	까오 얼 푸 치우	
골프장	高尔夫球场	
	까오 얼 푸 치우 창	

11. 사고상황의 대처

❶ 문제상황의 발생!

중국 여행 중에 발생할 수 있는 불의의 사고나 질병상황을 미리 대비해야 합니다. 최근들어 급속하게 늘고 있는 외국인 범죄, 특히 한국인을 목표로 하는 각종 범죄는 이미 위험수위를 넘어섰습니다. 중국을 가지 않을 수는 없고, 무엇보다도 중요한 안전은 걱정되고 바로 이점이 중국 여행의 딜레마가 되기도 합니다. 가능한 범죄를 예방할 수 있는 방법들을 미리 생각해 두어야 하겠습니다. 앞서에서도 잠깐 말씀드렸듯이 중국인과의 사소한 분쟁에서는 외국인은 무조건 불리합니다. 최대한 분쟁이나 마찰을 피하고, 외진 곳, 개인간의 거래, 늦은 시간, 밤거리에서의 거래와 관광은 피하도록 합니다. 중요한 물건은 호텔 프론트에 맡기고 많은 현금의 소지는 자제해야 합니다.

분쟁이 벌어지게 되면 언어가 제대로 소통되지 않는 상태에서 흥분하고 큰소리로 따진다고 해도 어려움만 커져 가게 될 것입니다. 이런 경우에 닥치면 그 상태까지의 손해를 받아들이고 물러 나야 합니다. 손해물을 찾으려다가는 그 이상을 잃게 됩니다.

차림새는 너무 값비싼 치장을 하는 것도 피해야 하며, 비싼 악세서리를 드러나게 하는 것도 좋지 않습니다.

만약 사고를 당했을 경우에는 당황하지 말고 침착하게 대처하는 것이 중요합니다. 만약 신변의 위협을 느끼는 상황이라면 주저하지 말고 곧바로 가까운 공안이나 경찰서나 대사관 등을 찾고, 물건을 도난당하거나 분실했을 때, 또 다쳤을 때는 긴급구조나 경찰서에 즉시 연락을 취하십시오. 특히 보관, 관리에 신경써야 할 것으로는 여권인데 경비와 별도로 깊은 곳에 잘 보관해야 합니다. 돌발사고가 발생했을 때에는 바로 전화하십시오! 공안(경찰)은 국번 없이 **110**, 구급차는 **120**번입니다.

❷ 분실 도난사고시!

중국에서는 최근 외국인을 상대로 한 각종 도난 사고가 잦아서 소지품에 대해 각별히 주의를 하지 않으면 안 됩니다. 단체 관광객이 많은 곳, 밤거리, 유흥지, 기차역, 공연장, 붐비는 열차, 버스 안에서는 항상 소매치기의 위험이 있습니다. 아무리 주의를 해도 당하려면 어쩔 수 없고, 설령 도둑을 잡으려 쫓아 간다고 해도 위험하기는 마찬가지입니다. 가급적 분실하지 않는 것이 최우선이겠지만 잃어버린 물건에 대해서는 빨리 잊고 재발급 받는 것이 좋습니다. 다시 돌아오기를 기대고 기다려도 소용이 없다는 것입니다. 만약의 경우 중요 소지품의 분실, 도난에 대한 대비가 필요합니다.

ⓐ 여권을 분실했을 때 :

여권을 분실해 재발급을 받으려면 상당한 시간이 소요됩니다. 전체 여행에 차질을 빚을 수 있으므로 가능한 한 빨리 한국대사관이나 총영사관에 연락한 후 '여행자증명서'를 발급 받도록 합니다. 여권 및 여행자 증명서를 재발급 받기 위한 구비서류로는 ① 여권 도난 / 분실 증명서 (현지 경찰 발급), ② 일반여권 재발급신청서 2통, ③ 신분증, ④ 사진 2매, ⑤ 분실한 여권의 번호와 교부일자 등을 준비해야 합니다. 이런 경우를 대비해서 여권 앞면을 복사해서 보관하고 있어야 합니다.

ⓑ 여행자수표를 분실했을 때 :

재발행은 두 번째의 사인을 하지 않은 미사용분만 가능합니다. 재발행을 위해서는 ① 분실증명서(경찰서에서 발급), ② 발행 증명서(구입시 은행에서 준 것), ③ 여권이나 운전면허증 등의 신분증을 지참하고 발행 은행의 현지 지점으로 가시면 됩니다. 아직 사용하지 않은 수표의 번호는 항상 기록해 두도록 합니다.

ⓒ 항공권을 분실했을 때 :

발권 항공사의 대리점으로 가서 재발급 신청을 합니다. ① 항공권번호, ② 발권일자, ③ 구간, ④ 복사본이 있으면 편리하며, 소요시간은 약 1주일정도 걸립니다. 시간이 촉박할 때는 일단 새로 비행기표를 사고, 나중에 환불받는 방법을 취하도록 하십시오.

분실, 도난, 사고?

ⓓ 크레디트카드를 분실했을 때 :

카드발행회사에 즉시 신고합니다. 카드번호와 유효기간 등은 반드시 따로 메모해 둡니다. 보통 지갑과 함께 잃어버려 현금과 다른 신분증을 함께 잃어 버리는 경우가 많은데 이를 위해 현금과 카드는 분산해서 소지하고 한국으로부터 송금받을 경우에 대해서도 대비를 하도록 합니다.

ⓔ 배낭 또는 기타 물건을 분실했을 때 :

가방을 분실하거나 도난 당했을 경우, 인근 경찰서에서 분실 증명서를 발급 받아야 합니다. 보험가입자의 경우 귀국 후 보험청구시에 반드시 필요한 서류가 됩니다. 그리고 항공기의 운송사고의 경우는 사고보상에 따른 일체를 항공사가 배상합니다.

✚ 주중 대한민국 대사관 !

여권을 분실했을 때 재발급을 위해 찾아가야 하는 대한민국 주중 대사관의 업무시간은 월~금요일 09;00~11:30, 14;00~18:00이며, 동절기(11~2월)에는 단축근무(17:00까지)합니다. 전화번호는 ☎ (010) 6532-6774~5이며, 긴급전화는 ☎ (010) 6532-67734~5 입니다.

❸ 질병에 대한 대비

기후, 시차 및 식사 등 갑작스러운 변화로 몸에 탈이 생겨 여행에 차질을 빚게 되는 경우가 종종 있습니다. 특히 중국의 경우, 황사가 심한 봄철, 그리고 대기 오염에 따른 기관지 계통의 질병, 감기, 그리고 여름철 위생 관련 질병들이 많이 발생합니다. 때문에 기본적으로 관련 약품을 비상약으로 미리 준비해 가는 것이 가장 좋으며, 기타 질병이 중국 현지에서 발생했을 경우에는 외국인 전용병원을 찾아 가거나, 호텔에 투숙할 경우는 호텔의 투숙객 전담 의사를 부르는 것이 좋습니다. 보통의 호텔에는 의사들이 상주하고 있으며, 한국말을 할 줄 아는 의사들을 부를 수도 있습니다.

✚ 여행자 필수 메모장~!

여권과 비자 :
여권번호, 유효기간, 발행일, 발행지, 해당지역의 한국공관 연락처 (여권사본)

항공권 :
항공권번호, 발행일, 관련항공사의 현지 연락처

여행자수표 :
여행자 수표 일련번호, 구입일, 관련은행 연락처

신용카드 :
카드번호, 발급회사 연락처, 분실신고서(증명서)

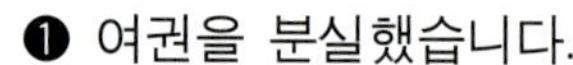

❶ 여권을 분실했습니다.

❷ 여행자 수표를 분실했습니다.

❸ 기차에 가방을 놓고 내렸습니다.

❹ 카메라를 잃어버렸어요.

❺ 어제 지하철에서 소매치기 당했습니다.

❻ 한국어가 가능한 직원을 불러주십시오.

❼ 한국대사관에 연락해 주십시오.

❽ 한국대사관은 어떻게 갑니까?

❾ 여행자 수표를 다시 발행하러 왔습니다.

❶ 护照丢了。
후 짜오 띠우 러

❷ 我丢了旅行支票。
워 띠우 러 뤼 싱 쯔 피아오

❸ 我把提包忘在火车上了。
워 바 티 빠오 왕 짜이 후오 처 상 러

❹ 我丢了照相机。
워 띠우 러 짜오 씨앙 찌

❺ 我的钱包昨天地铁上被偷了。
워 더 치앤 빠오 주오 티앤 띠 티에 상 뻬이 토우 러

❻ 请找一个会说韩国语的人员。
칭 자오 이 거 후이 쑤오 한 구오 위 더 런 위앤

❼ 请到韩国大使馆打电话。
칭 따오 한 구오 따 스 구안 다 띠앤 후아

❽ 韩国大使馆怎么走?
한 구오 따 스 구안 전 머 조우

❾ 我来重新发给旅行支票。
워 라이 총 씬 파 게이 뤼 싱 쯔 피아오

❿ 오늘 재발행됩니까?

⓫ 어디서 그것을 재발행 받을 수 있습니까?

⓬ 재발행이 가능합니까?

⓭ 분실물에 대해선 어디에 물어봐야 합니까?

⓮ 분실물 신고 센터가 어디에 있습니까?

⓯ 이 전화번호로 연락주세요.

⓰ 어디로 찾으러 가면 되죠?

今天 (찐 티앤) : 오늘

重新发给 (총 씬 파 게이) : 재발행

失物 (쓰 우) : 분실물

❿ 今天重新发给吗?
찐 티앤 총 씬 파 게이 마

⓫ 能在哪儿重新发给?
넝 짜이 나알 총 씬 파 게이

⓬ 能重新发给吗?
넝 총 씬 파 게이 마

⓭ 关於失物到哪儿去打听?
꾸안 위 쓰 우 따오 나알 취 다 팅

⓮ 失物招领处在哪儿?
쓰 우 짜오 링 추 짜이 나알

⓯ 请到这个电话号码联络。
칭 따오 쩌 거 띠앤 후아 하오 마 리앤 루오

⓰ 到哪儿去取?
따오 나알 취 취

招领处 (짜오 링 추) : 신고 센터

联络 (리앤 루오) : 연락

哪儿 (나알) : 어디

앗! 단어장!

빠르게 찾고 쉽게 말하는 여행회화! 여러분의 여행을 보다 즐겁고 편안하게 만들어 드립니다!!

➊ 여보세요. 경찰서죠?

➋ 경찰서 좀 대 주세요.

➌ 제 지갑을 소매치기 당했어요.

➍ 자동차 사고를 신고하고자 합니다.

➎ 화재발생 신고를 하려 합니다.

➏ 여기 부상자 한 사람이 있습니다.

➐ 그의 머리에서 피가 납니다.

➑ 앰뷸런스를 좀 불러주세요.

➒ 차가 고장났습니다.

❶ 喂，是警察署吗?
웨이 쓰 징 차 수 마

❷ 请转警察署。
칭 주안 징 차 수

❸ 我的钱包被窃了。
워 더 치앤 빠오 뻬이 치에 러

❹ 我想申报车祸。
워 시앙 썬 빠오 처 후오

❺ 我想申报发生了火灾。
워 시앙 썬 빠오 파 썽 러 후오 짜이

❻ 有人受伤了。
요우 런 쏘우 쌍 러

❼ 他头部流血了。
타 토우 뿌 리우 쉬에 러

❽ 请快叫一下救护车。
칭 콰이 찌아오 이 씨아 찌우 후 처

❾ 出车祸了。
추 처 후오 러

❶ 응급상황입니다!

❷ 120(구급차)으로 전화해주세요.

❸ 경찰을 불러 주세요!

❹ 도둑이다!

❺ 불이야!

❻ 도와주세요!

❼ 조심해요!

❽ 엎드려!

❾ 비켜요!

❶ 紧急情况!
찐 지 칭 쿠앙

❷ 请拨一二零电话(救护车)。
칭 뽀 야오 얼 링 띠앤 후아 (찌우 후 처)

❸ 叫警察来!
찌아오 징 차 라이

❹ 小偷!
시아오 토우

❺ 火灾!
후오 짜이

❻ 帮忙!
빵 망

❼ 小心一下!
시아오 씬 이 씨아

❽ 卧倒!
워 다오

❾ 让一让!
랑 이 랑

❶ 병원에 데려다 주세요.

❷ 구급차를 불러 주세요.

❸ 의사를 불러 주세요.

❹ 여기에 통증이 있습니다.

❺ 머리가 아픕니다.   /   열이 있습니다.

❻ 현기증이 납니다.   /   토할 것 같습니다.

❼ 설사를 합니다.

❽ 다리가 부러졌습니다.

❾ 속이 쓰리고 소화가 안 됩니다.

❶ 请带我到医院去。
칭 따이 워 따오 이 위앤 취

❷ 请叫救护车。
칭 찌아오 찌우 후 처

❸ 请叫一下医生。
칭 찌아오 이 씨아 이 썽

❹ 这儿有点儿疼。
쩔 요우 디얼 통

❺ 我头疼。　/　发烧。
워 토우 통　　파 싸오

❻ 头晕。　/　我想吐。
토우 윈　　워 시앙 투

❼ 拉肚子。
라 뚜 즈

❽ 我腿骨头断了。
워 투이 구 토우 뚜안 러

❾ 肚子难受, 消化得不好。
뚜 즈 난 쏘우 씨아오 후아 더 뿌 하오

❻ 약국의 처방!

❶ 이 처방대로 약 좀 조제해 주시겠어요?

❷ 감기약 좀 주십시오.

❸ 두통약을 좀 주세요.

❹ 소화제를 좀 주세요.

❺ 하루에 약을 몇 회나 복용합니까?

❻ 이 약을 하루 3번 식후에 드세요.

❼ 처방전 없이 이 약은 드실 수 없습니다.

药方 (야오 팡) : 처방
感冒药 (간 마오 야오) : 감기약
头疼药 (토우 텅 야오) : 두통약

❶ 请照这个药方配药。
칭 짜오 쩌 거 야오 팡 페이 야오

❷ 给我开一点儿感冒药。
게이 워 카이 이 디얼 간 마오 야오

❸ 给我开一点儿头疼药。
게이 워 카이 이 띠알 토우 텅 야오

❹ 给我开一点儿消化药。
게이 워 카이 이 디얼 씨아오 후아 야오

❺ 一天吃几次?
이 티앤 츠 지 츠

❻ 一天三次, 饭后服用。
이 티앤 싼 츠 판 호우 푸 용

❼ 没有药方, 就不能服用这个药。
메이 요우 야오 팡 찌우 뿌 넝 푸 용 쩌 거 야오

消化药 (씨아오 후아 야오) : 소화제

几次 (지 츠) : 몇 회

饭后 (판 호우) : 식후

앗! 단어장!

▶ 사고 관련 단어표현

경찰서	警察署	징 차 수
경찰	警察	징 차
경찰관	警官	징 꾸안
파출소	派出所	파이 추 수오
여권	护照	후 짜오
지갑	钱包	치앤 빠오
현금	现金	씨앤 찐
귀금속	宝石	바오 스
분실증명서	遗失证明书	이 쓰 쩡 밍 쑤
발행증명	发给证明	파 게이 쩡 밍
재발행하다	重新发给	총 씬 파 게이
도둑	小偷	시아오 토우
도난	被盗	뻬이 따오
강도	强盗	치앙 따오
분실	遗失	이 쓰
부상	受伤	쏘우 쌍
화재	火灾	후오 짜이
충돌사고	撞车事故	쭈앙 처 쓰 꾸
피난	避难	삐 난

▶ 병원 관련 단어표현

병원	医院	이 위앤

11

의사	医生	이 썽
응급처치	急诊	지 전
구급차	救护车	찌우 후 처
환자	病人	삥 런
입원	住院	쭈 위앤
몸	身体	썬 티
머리	头部	토우 뿌
코	鼻子	비 즈
귀	耳朵	얼 두오
입	口嘴	코우 주이
손목	手腕	소우 우안
팔	胳膊	꺼 보
발	脚	지아오
다리	腿	투이
가슴	胸	슈웅
등	脊梁背	지 리앙 뻬이
허리	腰	야오
심장	心脏	씬 짱
간장	肝脏	깐 짱
주사	注射	쭈 써
수술	手术	소우 쑤
처방	药方	야오 팡
약	药	야오
체온	体温	티 원
열	烧	싸오
맥박	脉搏	마이 보

| 혈압 | 血压 | 쉬에 이아 |
| 진단서 | 诊断书 | 전 뚜안 쑤 |

▶ 질병 관련 단어표현

두통	头疼	토우 텅
현기증	头晕	토우 윈
기침	咳嗽	커 소우
감기	感冒	간 마오
천식	气喘	치 후안
폐렴	肺炎	페이이앤
유행성 감기	流行性感冒	리루 싱 씽 간 마오

▶ 약국 관련 단어표현

약국	药房	야오 팡
처방전	药方	야오 팡
탈지면	药绵	야오 미앤
반창고	橡皮膏	씨앙 피 까오
머큐롬	红药水	홍 야오 수이
붕대	绷带	뺑 따이
알약	药片	야오 피앤
아스피린	阿司匹林	아 쓰 피 린
감기약	感冒药	간 마오 야오
해열제	退烧药	투이 싸오 야오

12. 귀국 준비!

❶ 귀국 준비!

이제 귀국을 준비할 때입니다. 먼저 짐을 잘 정리해 가방의 부피를 최대한으로 줄이며, 짐의 갯수도 줄이도록 합니다. 그리고 귀국에 필요한 서류들을 다시 한번 확인하고 따로 작은 가방에 넣어 잘 보관합니다. 귀국 때 잃어버리는 짐이 가장 많기 때문에 관리를 잘 하도록 합니다.

ⓐ **예약 재확인 :** 귀국날짜가 정해지면 미리 항공편 좌석을 예약해야 하며, 예약을 이미 해두었을 경우는 출발 예정시간의 72시간 전에 재확인을 해야 합니다. 항공사에 전화해서 이름, 편명, 행선지를 말하고 자신의 연락 전화번호를 남기도록 합니다. 성수기 때에는 자칫 재확인을 안해서 당일날 좌석을 구하지 못하는 일이 종종 있습니다.

ⓑ **수하물의 정리** : 출발하기 전에 맡길 짐과 기내에 가지고 들어갈 짐을 나누어 꾸리고 토산품과 현지에서 구입한 물건의 품명과 금액을 리스트에 기재해 둡니다. 물건의 파손이 우려되는 제품은 가급적 직접 운반하는 것이 좋으며, 부피가 클 경우는 짐에 '주의! 파손위험'이라는 스티커를 보딩패스할 때 붙여달라고 요구합니다. 그리고 현지에서 구입한 면세물품 관련 서류를 반드시 챙겨 물건을 꼭 받아 나오도록 합니다.

ⓒ **출국절차** : 최소한 출발 2시간 전까지는 공항에 미리 도착해 체크인을 하십시오. 9.11테러 이후 수하물 검사가 매우 철저하게 진행되기 때문에 상당 시간이 소요됩니다. 기내휴대 수하물 외의 짐은 탁송합니다. 화물은 항공기 탑재 중량을 먼저 주의하여야 하며, 초과 중량에 대해서는 1kg당 운임료를 따로 지불해야 합니다. 적지 않은 비용이기 때문에 반드시 미리 체크하도록 합니다.

출국절차는 먼저 자신이 이용할 해당 항공사 데스크로 가서 여권, 출입국카드(입국시에 여권에 붙여놓았던 것), 항공권을 제시하면 계원이 출국카드를 떼내고 비행기의 탑승권을 줍니다. 탑승권에는 좌석번호는 물론 탑승구 번호와 탑승시간까지 기록되어 있습니다. 항공권에 공항세가 포함되어 있지 않을 경우에는 출국 공항세를 지불해야 하는 곳도 있습니다. 이렇게 탑승절차를 마치고 난 후 다음은 보안검색과 기내휴대 수하물의 **X**선검사를 받습니다. 출국장 안으로 들어가게 되면 먼저 탑승권에 표시된 탑승 게이트로 가서 대기를 하거나 면세품코너를 들러 남은 시간을 보냅니다. 아직 선물을 준비하지 못했다면 이곳에서 사는 것이 좋습니다. 귀국할 때는 인천공항의 면세점을 이용할 수 없습니다.

❷ 한국 도착!

한국에 도착한 후 입국절차는 ⓐ 입국신고서(세관신고서) 작성, ⓑ 검역, ⓒ 입국심사, ⓓ 세관검사의 순으로 진행됩니다. 입국신고서는 미리 준비해 둡니다. (출국신고서 작성시에 준비했던 것) 입국절차는 출국절차의 역순, **Q-I-C** (**Quarantine, Immigration, Customs**)입니다.

ⓐ 검역 : 비행기에서 내리면 맨 먼저 검역 부스가 있습니다. 미국, 유럽 등지에서 오는 여행객에 대해서는 검사가 없습니다. 주로 전염병이 보고된 지역의 여행객이 받습니다.

ⓑ 입국심사 : 내국인이라고 표시된 곳으로 가서 줄을 섭니다. 여권과 입국신고서를 제출하면 계원이 입국 카드를 떼어 내고 여권에 입국 스탬프를 찍어 주면 끝입니다.

ⓒ 세관 : 세관신고는 자진 신고제를 운영하고 있습니다. 세관 검사에 필요한 서류는 여권과 세관신고서입니다. 신고할 물품이 있으면 여기에 기재를 합니다만 면세품의 경우는 구두로 신고해도 됩니다. 과세 대상품에 대해서는 세관원이 세액을 산출하여 지불용지를 작성해 줍니다. 지불할 돈이 모자라거나 없을 땐 일단 과세 대상품을 세관에 예치하고 나중에 찾아 가도록 합니다. 현재 술, 담배, 향수 이외의 물건은 해외 취득 가격 합계 400달러까지 면세됩니다. 특별히 신고할 물건이 없으면 녹색심사대를 통해 우선 통과가 가능하지만 만약 미기재된 물품이나 신고한 금액을 초과한 물품에 대해서는 별도의 관세가 부과되며, 반입금지 물품(마약류, 총기류 등)에 대해서는 형사처벌을 받게 됩니다. 그리고 남의 짐을 잠시 맡아 주는 등의 도움이 자칫 밀수, 불법반입으로 악용되는 경우가 있기 때문에 특히 주의가 필요합니다.

❶ 예약 재확인을 하고 싶은데요.

❷ 서울에서 예약했습니다.

❸ 6월10일의 KAL30편입니다.

❹ 이름은 홍길동입니다.

❺ 예약을 변경하고 싶습니다.

❻ 다른 회사 항공편은 없습니까?

❼ 이 예약을 취소해 주십시오.

再确认 (짜이 취에 런) : 재확인

预订 (위 띵) : 예약

叫 (찌아오) : 이름이~입니다

❶ 我想再确认一下机票。
워 시앙 짜이 취에 런 이 씨아 찌 피아오

❷ 在首尔预订了。
짜이 서 울 위 띵 러

❸ 六月十号KAL三十班机。
리우 위에 스 하오 KAL 싼 스 빤 찌

❹ 我叫洪吉童。
워 찌아오 홍 지 통

❺ 我要改变一下预订。
워 야오 가이 삐앤 이 씨아 위 띵

❻ 没有别的航空公司的班机吗?
메이 요우 비에 더 항 콩 꽁 쓰 더 빤 찌 마

❼ 我想取消预订。
워 시앙 취 씨아오 위 띵

改变 (가이 삐앤) : 변경

班机 (빤 찌) : 항공편

取消 (취 씨아오) : 취소

앗! 단어장!

❶ 이 짐들을 대한항공 카운터로
옮겨주시겠습니까?.

❷ 탑승수속은 어디서 합니까?

❸ 통로쪽 자리로 해 주십시오.

❹ 탑승개시는 몇 시입니까?

❺ 게이트 번호를 가르쳐 주십시오.

❻ 수하물 검사는 어디서 합니까?

❼ 6번 게이트는 어디입니까?

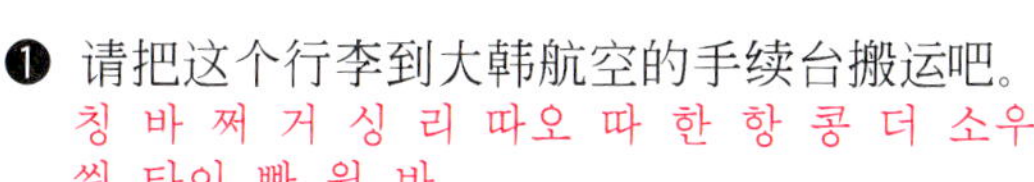

❶ 请把这个行李到大韩航空的手续台搬运吧。
칭 바 쩌 거 싱 리 따오 따 한 항 콩 더 소우
쒸 타이 빠 윈 바

❷ 在哪儿办登机手续?
짜이 나알 빠 떵 찌 소우 쒸

❸ 我喜欢走廊的座位。
워 시 후안 조우 랑 더 쭈오 웨이

❹ 几点乘坐飞机?
지 디앤 청 쭈오 페이 찌

❺ 请告诉我几号登机口?
칭 까오 수 워 지 하오 떵 찌 코우

❻ 在哪儿检查行李?
짜이 나알 지앤 차 싱 리

❼ 六号登机口在哪儿?
리우 하오 떵 찌 코우 짜이 날

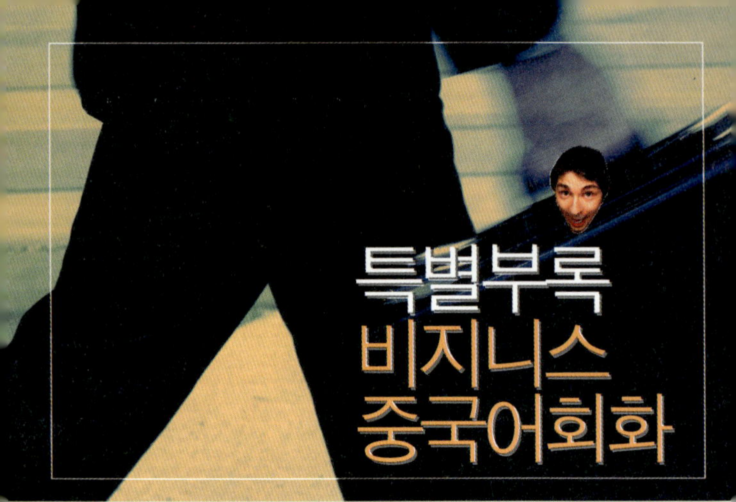

중국 출장을 떠나시는 독자 여러분들을 위한 필수비
지니스 중국어 회화를 특별 부록편으로 모아 정리했
습니다. 간단한 인사말에서부터 상담, 계약, 주문에
이르기까지 꼭 필요한 필수 문장들을 중심으로 소개
해 드립니다. 독자 여러분의 '성공 비지니스'를 기원
합니다.

 비지니스 노하우!

중국에서의 비지니스는 유럽, 미주, 일본에서의 노하우를
버리라는 말이 있습니다. 워낙 독특한 경제구조와 국민성
때문에 현지 영업이 결코 쉽지 않다는 것이 전문가들의
견해입니다. 한때 '중국인과의 친분'만으로도 사업이 쉬
웠던 때도 있었습니다만, 현재의 환경은 그야말로 판이하
게 달라졌습니다.

중국에서의 비지니스!

중국에서 비지니스를 할 때 꼭 지켜야 할 '중국 비지니스 신 불문율'이 있습니다. 참고해 주십시오!

✚ 중국 비지니스 新 불문율!

1. 공무원과의 마찰을 피하라!

중국은 '공무원의 나라'입니다. 작은 마찰과 분쟁이 회사를 생각 이상으로 어렵게 만들 수 있습니다.

2. 법정소송은 생각도 하지마라!

아무리 불이익과 부당한 경우일지라도 중국인과의 법정투쟁은 이중부담으로 끝나기 십상입니다.

3. 영업 파트너를 떠 받들어라!

중국인 영업 파트너에 대해서는 존경이나 인정 정도가 아닌 떠 받들 듯 대접해 주어야 합니다. 그런 대접에 만족해 하는 것이 중국인입니다.

4. '만만디'로 대응하라!

급하다고 중요하다고 이쪽에서 아무리 서둘러도 소용없습니다. 오히려 이런 점을 이용해서 상황을 유리하게 바꿀 궁리를 하니까요. '만만디'에는 '만 만만디'로 대처 하십시오~!

❶ 누구를 찾으세요?

❷ 王사장님과 만나기로 약속했습니다.

❸ 그와 상의할 문제가 좀 있어서요.

❹ 그는 오늘 쉬는 날입니다.

❺ 왕룽 씨는 지금 회의 중입니다.

❻ 손님이 오셨습니다.

❼ 오래 기다리게 해서 죄송합니다.

约好 (위에 하오) : 약속하다

商量 (쌍 리앙) : 상의하다

不上班 (부 쌍 빤) : 출근하지 않다

① 방문객을 맞을 때!

① 你找哪一位?
니 자오 나 이 웨이

② 我约好了跟王经理见面。
워 위에 하오 러 건 왕 찡 리 찌앤 미앤

③ 我有一些问题跟他商量。
워 요우 이 씨에 원 티 건 타 쌍 리앙

④ 他今天不上班。
타 찐 티앤 부 쌍 빤

⑤ 王龙先生在开会呢。
왕 롱 씨앤 성 짜이 카이 후이 너

⑥ 客人来了。
커 런 라이 러

⑦ 对不起, 让你久等了。
뚜이 부 치 랑 니 지우 덩 러

开会 (카이 후이) : 회의 중이다

客人 (커 런) : 손님

앗! 단어장!

对不起 (뚜이 부 치) : 죄송합니다

기본 회화에서 계약 성공까지!

비지니스 회화!

❶ 뵙게되어 반갑습니다.

❷ 우리 회사에 오신 것을 환영합니다.

❸ 저는 SBJ의 대표이사, 이민수입니다.

❹ 제 명함입니다.

❺ 이쪽으로 오시겠습니까?

❻ 사업 근황이 어떻습니까?

앗! 단어장!

高兴 (까오 씽) : 반갑습니다
欢迎 (후안 잉) : 환영합니다
公司 (꽁 쓰) : 회사

비
지
니
스

❷ 인사할 때!

❶ 初次见面，很高兴。
추 츠 찌앤 미앤 헌 까오 씽

❷ 欢迎来到我们公司。
후안 잉 라이 따오 워 먼 꽁 쓰

❸ 我是SBJ公司的经理，李民树。
워 쓰 SBJ 꽁 쓰 더 찡 리 리 민 쑤

❹ 这是我的名片。
쩌 쓰 워 더 밍 피앤

❺ 请到这里来。
칭 따오 쩌 리 라이

❻ 最近做生意怎么样?
쭈이 찐 쭈오 썽 이 전 머 양

经理 (찡 리) : 대표이사
名片 (밍 피앤) : 명함
앗! 단어장!
生意 (썽 이) : 사업

❶ 저희 회사는 2000년에 설립되었습니다.

❷ 지점은 몇 개나 됩니까?

❸ 귀사의 주요 상품은 무엇입니까?

❹ 국제인증을 가지고 있습니까?

❺ 귀사의 마케팅전략이 무엇입니까?

❻ 지난해 귀사의 시장 점유율은 어땠나요?

❼ 총 시장의 80 퍼센트를 차지했어요.

앗! 단어장!

公司 (꽁 쓰) : 회사
分行 (펀 항) : 지점
产品 (찬 핀) : 상품

❸ 회사를 소개할 때!

❶ 我们公司设立于二〇〇〇年。
워 먼 꽁 쓰 써 리 위 얼 링 링 링 니 앤

❷ 有多少个分行?
요우 뚜오 사오 거 펀 항

❸ 贵公司的主要产品是什么?
꾸이 꽁 쓰 더 주 야오 찬 핀 쓰 선 머

❹ 获得了国际标准化组织(ISO)的认证吗?
후오 더 러 구오 찌 비아오 준 후아 주 즈 더 런 쩡 마

❺ 贵公司的市场买卖战略是什么?
꾸이 꽁 쓰 더 쓰 창 마이 마이 짠 뤼에 쓰 선 머

❻ 去年贵公司的产品占有比率是多少?
취 니앤 꾸이 꽁 쓰 더 찬 핀 짠 요우 비 뤼 쓰 뚜오 사오

❼ 占有了百分之八十市场。
짠 요우 러 바이 펀 즈 빠 스 쓰 창

产品占有比率 (찬 핀 짠 요우 비 뤼)

: 시장 점유율

앗! 단어장!

비지니스 회화!

❶ 교환번호 305번 대주시겠어요?

❷ 그는 지금 통화중입니다.

❸ 잠시만 기다려 주십시오.

❹ 그는 지금 자리에 안 계신데요.

❺ 5분 후에 다시 전화해 주시겠어요?

❻ 여명 씨와 어떻게 연락할 수 있을까요?

❼ 저한테 전화해 주었으면 한다고 그에게
　전해 주십시오.

一下(이 씨아) : 잠시

现在 (씨앤 짜이) : 지금

五分钟 (우 펀 종) : 5분

❹ 전화 통화시에!

❶ 请转三零五号。
칭 주안 싼 링 우 하오

❷ 占线。
짠 씨앤

❸ 请等一下。
칭 덩 이 씨아

❹ 他现在不在。
타 씨앤 짜이 부 짜이

❺ 五分钟以后再打电话好吗?
우 펀 쫑 이 호우 짜이 다 띠앤 후아 하오 마

❻ 跟黎明先生怎么联系?
건 리 밍 씨앤 성 전 머 리앤 씨

❼ 请告诉他给我打电话。
칭 까오 수 타 게이 워 다 띠앤 후아

电话 (띠앤 후아) : 전화

联系 (리앤 씨) : 연락하다

告诉 (까오 수) : 알려주다

앗! 단어장!

기본 회화에서 계약 성공까지!
비지니스 회화!

❶ 귀사의 신제품을 보여주실 수 있습니까?

❷ 어떻게 작동하는지 보여 드리겠습니다.

❸ 1개 가격은 얼마입니까?

❹ 1개당 10 달러입니다.

❺ 가격은 주문 수량에 의해 정해집니다.

❻ 이것이 최저가격인가요?

❼ 지불조건은 어떻습니까?

新产品 (씬 찬 핀) : 신제품
启动 (치 똥) : 작동하다
一个 (이 거) : 1개

❺ 상담할 때!

❶ 请给我看一下贵公司的新产品。
칭 게이 워 칸 이 씨아 꾸이 꽁 쓰 더 씬 찬 핀

❷ 给你看看怎么启动。
게이 니 칸 칸 전 머 치 똥

❸ 一个多少钱?
이 거 뚜오 사오 치앤

❹ 一个十块美元。
이 거 스 콰이 메이 위앤

❺ 价格取决于要订的数量。
찌아 거 취 쥐에 위 야오 띵 더 쑤 리앙

❻ 这是最便宜的价格吗?
쩌 쓰 쭈이 피앤 이 더 찌아 거 마

❼ 付款条件怎么样?
푸 쿠안 티아오 찌앤 전 머 양

价格 (찌아 거) : 가격

数量 (쑤 리앙) : 수량

앗! 단어장!

付款 (푸 쿠안) : 지불

기본 회화에서 계약 성공까지!

비지니스 회화!

❶ 최신 제품의 샘플을 보여 드리겠습니다.

❷ 그 제품의 재고가 있습니까?

❸ 귀사의 제품을 주문하고 싶습니다.

❹ 얼마나 주문하실 겁니까?

❺ 주문을 변경하고 싶습니다.

❻ 계약서를 작성합시다.

❼ 언제 대금을 송금해 주실 건가요?

样品 (양 핀) : 샘플

库存 (쿠 춘) : 재고

订购 (띵 꼬우) : 주문

❻ 계약, 주문을 할 때!

❶ 给你看一下最新产品的样品。
게 니 칸 이 씨아 쭈이 씬 찬 핀 더 양 핀

❷ 有那个产品的库存吗?
요우 나 거 찬 핀 더 쿠 춘 마

❸ 我想订购贵公司的产品。
워 시앙 띵 꼬우 꾸이 꽁 쓰 더 찬 핀

❹ 你要订购多少?
니 야오 띵 꼬우 뚜오 사오

❺ 我想改变订购了。
워 시앙 가이 삐앤 띵 꼬우 러

❻ 签订合同书吧。
치앤 띵 허 통 쑤 바

❼ 你想什么时候付款呢?
니 시앙 선 머 스 호우 푸 쿠안 너

多少 (뚜오 사오) : 얼마나

改变 (가이 삐앤) : 변경

앗! 단어장!　合同书 (허 통 쑤) : 계약서

부록 필수 단어사전 !

부록 : 필수 단어사전!

꼭! 꼭! 꼭! 필요한 단어들을 내용별로 정리한 사전입니다!

숫자세기

1	一	이
2	二	얼
3	三	싼
4	四	쓰
5	五	우
6	六	리우
7	七	치
8	八	빠
9	九	지우

단어사전

숫자세기

10	十	스
20	二十	얼 스
30	三十	싼 스
40	四十	쓰 스
50	五十	우 스
60	六十	리우 스
70	七十	치 스
80	八十	빠 스
90	九十	지우 스
100	一百	이 바이
101	一百〇一	이 바이 링 이
102	一百〇二	이 바이 링 얼
110	一百一	이 바이 이
120	一百二	이 바이 얼
200	二百	얼 바이
300	三百	싼 바이
1,000	一千	이 치앤
10,000	一万	이 완
100,000	十万	스 완
1,000,000	一百万	이 바이 완

숫자세기

➡ 시간

1시	一点	이 디앤
1시간	一个小时	이 거 시아오 스
2시	两点	리앙 디앤
2시간	两个小时	리앙 거 시아오 스
3시	三点	싼 디앤
3시간	三个小时	싼 거 시아오 스
4시	四点	쓰 디앤
4시간	四个小时	쓰 거 시아오 스
5시	五点	우 디앤
5시간	五个小时	우 거 시아오 스
6시	六点	리우 디앤
6시간	六个小时	리우 거 시아오 스
7시	七点	치 디앤
7시간	七个小时	치 거 시아오 스
10시	十点	스 디앤
10시간	十个小时	스 거 시아오 스
11시	十一点	스 이 디앤
11시간	十一个小时	스 이 거 시아오 스

◐ 시간

12시	十二点	스 얼 디앤
12시간	十二个小时	스 얼 거 시아오 스
10분	十分	스 펀
15분	十五分	스 우 펀
15분	一刻	이 커
20분	二十分	얼 스 펀
30분	三十分	싼 스 펀
30분	半	빤
45분	四十五分	쓰 스 우 펀
45분	三刻	싼 커

◐ 계절

봄	春天	춘 티앤
여름	夏天	씨아 티앤
가을	秋天	치우 티앤
겨울	冬天	똥 타앤

➡ 순서세기

첫째	第一	띠 이
둘째	第二	띠 얼
셋째	第三	띠 싼
넷째	第四	띠 쓰
다섯째	第五	띠 우
여섯째	第六	띠 리우
일곱째	第七	띠 치
여덟째	第八	띠 빠
아홉째	第九	띠 지우
열번째	第十	띠 스

➡ 날짜와 시간표현

아침	早上	자오 상
정오	中午	쫑 우
저녁	晚上	완 상
밤	夜晚	이에 완

◑ 날짜와 시간표현

오늘	今天	찐 티앤
내일	明天	밍 티앤
모레	后天	호우 티앤
어제	昨天	주오 티앤
그저께	前天	치앤 티앤
매일	每天	메이 티앤
오전	上午	쌍 우
오후	下午	씨아 우

◑ 요일(曜日)

일요일	星期天	씽 치 티앤
월요일	星期一	씽 칭 이
화요일	星期二	씽 치 얼
수요일	星期三	씽 치 싼
목요일	星期四	씽 칭 쓰
금요일	星期五	씽 치 우
토요일	星期六	씽 치 리우

➡ 주간

이번주	这个星期	쩌 거 씽 치
다음주	下星期	씨아 씽 치
지난주	上星期	쌍 씽 치
매주	每星期	메이 씽 치

➡ 색깔

빨간색	红色	홍 써
흰색	白色	바이 써
노란색	黄色	황 써
파란색	蓝色	란 써
검은색	黑色	헤이 써
초록색	草绿色	차오 뤼 써
분홍색	粉红色	펀 홍 써
자주색	紫朱色	즈 쭈 써
갈색	褐色	허 써
회색	灰色	후이 써

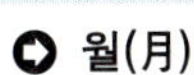

▶ 월(月)

1월	一月	이 위에
2월	二月	얼 위에
3월	三月	싼 위에
4월	四月	쓰 위에
5월	五月	우 위에
6월	六月	리우 위에
7월	七月	치 위에
8월	八月	빠 위에
9월	九月	지우 위에
10월	十月	스 위에
11월	十一月	스 이 위에
12월	十二月	스 얼 위에
이번달	这个月	쩌 거 위에
다음달	下个月	씨아 거 위에
지난달	上个月	쌍 거 위에
매월	每个月	메이 거 위에
월말	月底	위에 디

▶ 나라/국민/언어

한국	韩国	한 구오
한국인	韩国人	한 구오 런
한국어	韩国语	한 구오 위
중국	中国	쫑 구오
중국인	中国人	쫑 구오 런
중국어	汉语	한 위
일본	日本	르 번
일본인	日本人	르 번 런
일본어	日语	르 위
미국	美国	메이 구오
미국인	美国人	메이 구오 런
영국	英国	잉 구오
영국인	英国人	잉 구오 런
영어	英语	잉 위
독일	德国	더 구오
독일인	德国人	더 구오 런
독일어	德语	더 위
프랑스	法国	파 구오
프랑스인	法国人	파 구오 런
프랑스어	法语	파 위

◐ 사람/가족

소년	少年	싸오 니앤
소녀	少女	싸오 뉘
남자	男人	난 런
여자	女人	뉘 런
아기	小孩	시아오 하이
어린이	儿童	얼 통
아버지	爸爸	빠 바
어머니	妈妈	마 마
부모	父母	푸 무
아들	儿子	얼 즈
딸	女儿	뉘 얼
남편	丈夫	짱 푸
아내	太太	타이 타이
형제	兄弟	숑 띠
자매	姐妹	지에 메이
조카	侄子	즈 즈
조카딸	侄女	즈 뉘
숙부	叔父	쑤 푸
숙모	叔母	쑤 무
할아버지	爷爷	이에 이에
할머니	奶奶	나이 나이
형	哥哥	꺼 거
누나	姐姐	지에 지에
남동생	弟弟	띠 디
여동생	妹妹	메이 메이

1 목적지 공항도착!
목적지 공항에 도착하면 짐을 잘 챙겨서 내립니다. 입국심사서는 미리 준비하세요!

2 도착 출구통과!
'Arrival'이라고 써진 출구를 찾아 통과합니다.

✚ 잠깐만요!
여권! 입국심사서! 항공권! 수하물표!를 잘 챙겨서 나가십시오!